불이양생1-2-1

유마경 사전

上

不二養生1-2-1
維摩經 사전

초판 발행일 2009년 6월 22일

지은이 정암
펴낸이 김현회
펴낸곳 도서출판 하늘북
표지 및 본문디자인 김지연
등록 1999년 11월 1일(등록번호 제3000-2003-138)
주소 서울시 종로구 필운동 139-1
전화 02-722-2322, 팩스 02-730-2646
E-mail hanulbook@yahoo.co.kr

ISBN 978-89-47-6 04220(전3권)
ISBN 978-89-48-3 04220

※ 잘못된 책은 교환하여 드립니다.
※ 가격은 뒷면에 있습니다.

不二養生 1-2-1

維摩經 사전

上

정암 지음

하늘북

■ 유마경 공부사전

　유마경 공부를 돕는 《유마경사전》은 모두 상·중·하 세 권으로 구성되어 있으며 《유마경》 14품 중 제1〈불국품〉은 상권에, 제2~제4 〈방편품〉〈제자품〉〈보살품〉은 중권에, 제5 〈문수사리문질품〉부터 마지막 〈촉루품〉은 하권에서 정리했습니다.

　경전공부의 실력이 체계적으로 향상될 수 있게 상권에선 기초 쌓기에 중점을 두고, 중권은 기초의 다지기와 새로운 어휘력 향상, 그리고 하권은 상권과 중권에서 쌓인 실력을 바탕으로 스스로 경문을 해석하면서 《유마경》의 이치를 이해할 수 있게 정리했습니다.

　위와 같은 유마경공부의 수행효과를 가능한 체계적으로 얻을 수 있게 하고자 매 권마다 예습수행과정과 복습수행과정으로 전체내용을 정리했습니다.

　《유마경공부》를 중심으로 《유마경사전》과 《유마경강의》를 조화롭게 활용하면 《유마경》의 뜻 뿐만 아니라 경전원문을 한문으로 읽고 해석할 수 있는 공부효과를 얻을 수 있습니다.

　자료정리를 도와준 은선 선생님, 집필에 힘을 실어준 우선 선생님, 항상 변함없이 등불을 밝혀주시는 하늘북 선생님께 진심으로 감사드립니다.

　《유마경》의 가르침이 세상 사람들의 지혜등불이 될 수 있게 도와주신 모든 선지식께 진심으로 감사드립니다.

　저의 부족함으로 인해 내용 정리에 잘못된 부분이 생기는 것을 면할 수 없습니다.

　장차 제방 선지식의 가르침에 힘입어 부처님의 바른 가르침이 세상 사람과 함께 상응할 수 있도록 열심히 참구하고 정진하겠습니다.

2009년 부처님 오신 날

아미산 불이방에서　정암 합장

■ 상권 보는 법

상권 내용은 한문 지식이 부족한 선지식도 쉽게 공부하면서 깊이 들어갈 수 있게 사전내용을 다음과 같이 정리했습니다.

☯ 나열되는 보살칭호를 제외하고 〈불국품〉 전문을 모두 예습수행과정에서 예문으로 다루어 공부할 수 있게 정리했습니다.

☯ 예습수행과정은 용어공부, 한자공부, 비여공부, 소이자하공부, 보살정토공부, 불토청정공부 단원으로, 복습수행과정은 제1장 모인대중, 제2장 보적의 게송, 제3장 보살정토, 제4장 청정한 마음 단원으로 구성했습니다.

☯ **용어공부** 〈불국품〉에 나오는 주요용어를 중심으로 이해하기 쉽게 정리했습니다.

☯ **한자공부** 보조용어에 해당하는 한 글자로 된 한자를 예문과 함께 정리했습니다.

☯ **비여공부** 譬如(비여)는 불교 경전에서 자주 나오는 용어로 그 뜻을 명확히 이해할 수 있게 그와 연관된 전후 문장을 예문으로 들어 정리했습니다.

☯ **소이자하** 불경에서 "왜 그러한가?"를 밝히고 있는 문장은 대부분 所以者何(소이자하)를 사용합니다. 소이자하의 문맥을 쉽게 파악할 수 있게 정리했습니다.

☯ **보살정토** 〈불국품〉 뿐만 아니라 《유마경》 전체의 요지가 "어떻게 하면 (菩薩淨土)보살정토를 실현할 수 있는가"입니다. 이 단원 공부에서 보살정토에 대한 개념을 한문공부와 함께 체득할 수 있게 정리했습니다.

☯ **불토청정** "마음이 청정하면 국토가 청정하다"는 유심정토(唯心淨土)의 이치를 한문공부와 함께 체득할 수 있게 정리했습니다.

☯ **제1장 모인 대중 ~ 제4장 청정한 마음** 예습수행과정의 공부에서 쌓은 실력을 바탕으

로 스스로 생각하면서 공부할 수 있게 경문의 한자에 해석 번호를 두었으며 노트 정리를 함께 할 수 있게 줄 간격을 넓게 했습니다.

예:

一①時②, 佛①在④毗耶離②菴羅樹園③,

與④大比丘①衆②八千人③俱⑤。

- ☻ 예습수행과정의 경문 번역과 복습수행과정의 해석 번호는 한 단어인 경우에도 한문공부의 향상을 위해 가능한 나누어 해석했습니다.
- ☻ 《유마경공부》에선 뜻이 쉽게 와 닿을 수 있게 경문을 의역(意譯)으로 번역했습니다.
- ☻ 《유마경사전》에선 한문공부가 체계적으로 정립될 수 있게 직역(直譯)으로 번역했습니다.
- ☻ 한문 실력이 부족한 선지식을 위해 예비수행과정에서 연관된 해석 뒤에 바로 [ ]속에 그에 해당하는 경문의 한자를 함께 두었습니다.
- ☻ 어떤 한자의 경우 한글 문장에서 나뉘어 해석됩니다.

  예. 豈기: "어찌 ~하겠는가!" 이런 경우 [ ]의 한자는 앞의 해석에 두었습니다.

  豈기: "어찌[豈] ~하겠는가!"
- ☻ 예습수행과정의 예문마다 《유마경공부》와 대조해 볼 수 있는 기호를 두었습니다.

  예: 如是☻我聞. (1-56-1)

  (1-56-1)은 《유마경공부》 제1장, 56페이지, 첫째 줄에 있다는 표시입니다.
- ☻ 《유마경공부》의 표시는 ㉠으로 정했습니다.

  예: ㉠ p62 부처님. 《유마경공부》 62페이지 수행용어 '부처님'을 참고하라는 뜻.
- ☻ 경문해석에서 순서가 《유마경공부》의 경문해석과는 다르게 되어 있는 경우가 있습니다. 이것은 한문의 특색이 어떤 문장의 경우 여러 가지 방식으로 해석할 수 있기 때문입니다. 이러한 다양한 해석방법을 이해하는데 도움 될 수 있게 정리했습니다.

■ 정토淨土 찾아가기

정토는 저 멀리 서방세계에도 있고 가장 가까운 우리 마음 안에도 있습니다.
아미타불이 계시는 서방세계의 정토는 열심히 수행하면 사후에 가서 안주할 수 있습니다.
우리 마음 안에 있는 정토는 열심히 정진만 하면 언제든 가서 안주할 수 있습니다.
우리의 스승 석가모니 부처님께서 말씀하신 것처럼 "많은 부처님 나라에 가서 공양에 배 드리고 설법 듣는 것"은 수행에 있어서 반드시 필요한 과정이며, 또한 매우 즐거운 여행입니다.
언젠가는 아미타부처님이 계시는 극락정토뿐만 아니라 유마대사님이 계시는 묘희정토에도 가고 우주에서 가장 향기로운 음식을 맛볼 수 있는 중향국에도 성지순례 가야겠지요!
무슨 여행이든 그에 부합된 구비사항이 있듯 시방세계 부처님 나라[정토-불국토]를 여행하는데 반드시 없어서는 안 될 필수조건이 있습니다. 무엇이죠?
바로 정심(淨心)입니다.
청정한 마음입니다.

"마음이 청정하면 국토가 청정하다!"

《유마경》〈불국품〉에서 밝힌 부처님의 가르침입니다.
이것은 청정한 마음의 수행자가 있는 곳이 바로 정토라는 가르침입니다.
장차 시방세계 부처님 나라 여행에 필요한 정심(淨心) 닦기를 우리 함께 《유마경》〈불국품〉 공부에서 성취하겠습니다!

유마경사전 上

목차

- 유마경 공부사전 / 4면
- 상권 보는 법 / 5면
- 정토 찾아가기 / 7면

■ 예습 수행과정

제1장 용어用語 공부

1. 如是여시 / 14면
2. 佛土불토 / 21면
3. 自在자재 / 24면
4. 智慧지혜 / 26면
5. 稽首계수 / 28면
6. 寶積보적 / 33면
7. 佛불 世尊세존 如來여래 / 36면
8. 一切일체 / 42면
9. 師子吼사자후 / 43면
10. 衆生중생 羣生군생 / 44면
11. 會坐회좌 / 47면
12. 復有부유 / 48면
13. 寶蓋보개 / 49면
14. 須彌수미 / 50면
15. 淸淨청정 / 51면
16. 三寶삼보 法寶법보 / 52면
17. 三千大千世界삼천대천세계 / 53면
18. 보살菩薩 / 54면

제2장 한자漢字 공부

1. 能능 / 56면
2. 不불 / 58면
3. 是시 / 62면
4. 皆개 / 64면
5. 爲위 / 66면
6. 所소 / 68면
7. 與여 / 70면
8. 在재 / 71면
9. 於어 / 72면
10. 已이 / 76면
11. 常상 / 78면
12. 得득 / 79면
13. 以이 / 81면
14. 諸제 / 84면
15. 有유 無무 / 87면
16. 而이 / 89면
17. 若약 / 90면
18. 之지 / 91면
19. 如여 / 92면
20. 知지 / 93면
21. 曰왈 言언 語어 告고 / 94면
22. 及급 / 96면
23. 或혹 / 97면
24. 相상 / 98면

제3장 비여譬如 공부

1. 거룩하신 모습이 마치 ~같다 / 100면
2. 마치 어떤 사람이 ~하는 것과 같다 / 101면
3. ~하자 마치 ~과 같이 되었다 / 102면
4. ~할 뿐이다. 이것은 마치 ~과 같은 이치다 / 103면
5. ~하기가 마치 ~과 같다 / 104면

제4장 소이자하所以者何 공부

1. ~은 ~이다. 왜냐하면 ~하기 때문이다 / 106면
2. ~하지 말라. 왜냐하면 ~하기 때문이다 / 107면

제5장 보살정토菩薩淨土 공부

1. 直心직심 深心심심 菩提心보리심 / 110면
2. 六波羅密육바라밀 / 111면
3. 四無量心사무량심 / 112면
4. 四攝法사섭법 / 113면
5. 方便방편 / 113면
6. 三十七道品삼십칠도품 / 114면
7. 回向心회향심 / 114면
8. 說除八難설제팔난 / 115면
9. 自守戒行자수계행 不譏彼闕불기피궐 / 116면
10. 十善道십선도 / 116면

제6장 불토청정佛土淸淨 공부

1. 직심에서 불국토 청정까지 / 118면
2. 지혜에서 불국토가 청정 / 120면

■ 복습 수행과정

유마경 불국품을 스스로 해석하기!

제1장 모인 대중
  1. 나와 경전의 상응 / 124면
  2. 수행 대중 / 125면
  3. 보살수행자의 공덕과 지혜 / 126면
  4. 큰마음으로 법신과 계합된 많은 선지식 / 132면
  5. 가르침을 받고자 운집한 대중 / 136면
  6. 부처님의 거룩한 모습 / 138면

제2장 보적의 게송
  1. 보개 공양 / 140면
  2. 부처님의 공덕과 지혜 / 144면

제3장 보살정토
  1. 정토의 가르침 구함 / 156면
  2. 중생이 보살정토 / 159면
  3. 중생과 정토의 상응 / 162면
  4. 유심정토의 성취 / 170면

제4장 청정한 마음
  1. 마음과 정토의 상응 / 174면
  2. 정토의 본래모습 / 179면
  3. 수행성취 / 182면

부록
  찾아보기 / 184면

예습수행과정

제 1장

용어用語 공부

1. 如是여시

• **如是**여시

"이와 같다", "그러하다", "(그것이) 당연히 옳다", "당연히 그러하다"는 뜻으로 이것을 강조할 때 "如是如是"로 표현합니다.

如是.我聞. (1-56-1)
여시.아문.

이와[是] 같이[如] 내가[我] 들었다[聞].

• **如是我聞**여시아문 ㉠ p62 제가

부처님께서 설하신 경전의 첫머리에 '여시아문'의 문구가 있습니다.

이것은 누군가가 부처님께서 설법하신 내용을 듣고 받아 기억하고 있다가 다시 제삼자에게 전한 것을 뜻합니다. 이것은 부처님의 가르침이 처음엔 문자가 아닌 입으로 전해진 것을 시사하고 있습니다.

글로 남겨진 경전도 세월이 변하면서 그에 대한 해석방법이 달라집니다. 그것은 비록 같은 용어이지만 그 용어가 지닌 의미가 시대와 장소에 따라 달리 인식되기 때문입니다.

우리가 자주 쓰는 '도덕(道德)'과 '지혜(智慧)'를 예로 들어보죠!

'도덕(道德)'은 노자께서 저술하신 《도덕경(道德經)》에서 유래하고 있습니다.

노자님은 경(經)의 이름을 직접 명시하지 않았습니다. 후대 사람이 '노자님께서 쓴 글'이란 의미로 〈노자(老子)〉로 불렀으며 이것이 유래가 되어 책 이름을 저자의 호를 따서 《장자》《맹자》《한비자》《주자》 등으로 사용하고 있습니다.

당나라의 실제 건국황제인 태종이 불교와 함께 도교를 숭상하면서 도교의 제일 성인(聖人)인 노자님을 태상노군(太上老君)이라 칭하고 그분의 저서 《노자》를 《도덕경》이라 명했습니다. 《도덕경》 전문은 후대 사람에 의해 모두 81장으로 나누어졌습니다.

불경(佛經)이 한문으로 제일 먼저 번역된 《사십이장경(四十二章經)》은 전문을 모두 42개의 장(章)으로 나누었습니다. 이때 한문 전통의 분단 방식인 장(章)의 명칭을 사용했습니다.

그 뒤로 불경을 번역하면서는 중국 전통의 경전을 분단하는 방식과 구분하기 위해 '품(品)', '분(分)'을 사용했습니다. 《유마경》은 모두 14품으로, 《금강경》은 모두 36분으로 정리되어 있습니다.

노자님께서 직접 '도덕(道德)'이란 용어를 사용하진 않았지만 《도덕경》에 함축되어 있는 핵심내용이 도(道)와 덕(德)에 대한 이치이며 이 둘을 묶어 도덕이라 표현합니다. 그래서 《도덕경》 제1장에서 37장까지를 도장(道章), 38장에서 81장까지를 덕장(德章)이라 표현합니다.

《도덕경》의 전문에 내재되어 있는 '도덕(道德)'의 가장 핵심 의미는 무위자연(無爲自然)입니다. 무위(無爲)란 먼저 정해진 틀[爲]이 없이 생각하고 행동하는 실천으로 이것이 자연(自然)의 이치와 부합된다는 뜻입니다.

자연이란 천지인(天地人)의 규율로 현대용어인 우주의 자연법칙과 상응한 뜻입니다.

단지 현대과학에선 물질의 현상으로부터 사물의 근원에 접근하는 방식인 반면 전통학문은 사물의 근원을 중심으로 인간사를 풀어가는 차이가 있습니다. 이처럼 인간의 가장 행복한 삶은 인위적인 틀에 얽매이지 않고 살아갔을 때 실현된다는 것을 《도덕경》에서 강조하고 있습니다.

그러나 우리가 일반적으로 인식하고 있는 '도덕(道德)'의 개념은 이와 정반대입니다. 어른에 대한 인사는 어떻게 하고 부모님께 아침 문안은 어떻게 드리고 등 수 없이 많은 이미 결정되어진 행위에 대한 규범이 있습니다. 이러한 규범에 부합한 행동을 도덕이라 하며 이러한 사람을 '된 사람' 즉 위인(爲人)이라 칭합니다.

불교수행에서 "먼저 사람이 되고 수행자가 되어야 한다."는 것을 강조하는 경우가 많습니다. 이것은 세속의 기본 도리를 못 지키는 사람이 어떻게 수행하겠는가 하고 지탄하는 말입니다. 출세간의 선 수행이 세간의 마음가짐 바탕 하에 이루어진다는 의미를 담고 있으며, 이러한 위인(爲人)정신을 강조하는 유교의 영향을 당나라 말엽부터 받게 되었으며 이러한 수행문화가 그 뒤로 우리나라에도 직접적으로 영향을 미치고 있습니다.

이와 같이 무위(無爲)에 부합된 행위를 도덕이라 표현했는데 뒷날 인간관계의 규칙인 세속의 규범에 부합된 유위(有爲)의 행위를 도덕이라 표현하고 있습니다.

'지혜(智慧)' 또한 '도덕' 처럼 시간의 변천에 의해 상대적인 개념으로 바뀌었습니다. 지혜(智慧)는 원래 처음에 세상의 삶의 이치를 아는 지식(知識)을 뜻했습니다.

뒷날 불교가 들어와 지혜를 반야(般若)의 의미로 사용하면서 지식이 아닌 본성과 계합하는 이치 즉 깨달음을 성취하는 진리로 사용되고 있습니다. 법신과 계합을 돕는 지혜를 일깨우는데 가장 방해되는 요소가 지식입니다. 지식은 고정관념입니다. 사물에 대해 이렇고 저렇다고 판단하는 이미 정해진 고정된 관념을 지식이라 칭합니다.

이와 같이 용어는 시대와 문화에 따라 그 의미가 변화됩니다. 이것을 《유마경》에서 '언어는 환상'이라 표현하고 있으며, 이것은 "모든 법은 고정화된 틀이 없다"는 법무정상(法無定相)을 뜻합니다.

'여시아문'에는 이러한 이치가 함께 내포되어 있습니다.

여시(如是)는 본성의 입장에서 표현한 언어입니다.

아문(我聞)은 현상의 입장에서 표현한 언어입니다.

본성은 변함이 없습니다. 태어나고 죽는 몸의 변화현상과는 상관없이 본성은 항상 여여(如如)합니다. 시(是)는 이러한 여여(如如)함을 지칭한 말이고 여(如)는 여여(如如)를 뜻합니다.

현상은 항상 변화합니다.

아(我)는 자아(自我)로 태어나고 죽는 현상을 뜻합니다. 현상은 변화하기 때문에 실체(實體)가 없습니다. 그래서 자아를 환상(幻想)에 비유합니다. 환상은 거짓이기에 자아를 망상(妄想)이라고 표현합니다.

문(聞)은 자아가 듣는다는 의미입니다. 자아가 듣는다는 것은 곧 환상이 듣는다는 것을 뜻합니다. 환상이 듣는다는 것은 본래 들은 바 그 무엇도 없다는 것을 의미합니다. 왜냐하면 환상이 어떻게 소리를 듣겠습니까? 소리를 듣는 자아라는 주체가 이미 없다면 '나'에게 있어 모든 소리는 존재하지 않습니다.

이와 같이 보는 것, 느낌, 냄새 맡는 것 등 사물과 접하는 모든 현상이 존재하지 않습니다. 그래서 선 수행자는 현상에 집착하지 말 것을 강조하고 있습니다. 파도의 물거품과 같은 생사윤회의 장본인인 현상의 자아에 집착하지 말고 생사윤회를 초월해서 존재하는 본성, 즉 법신(法身)에 계합된 삶을 '여시아문'의 문구에서 강조하고 있습니다.

여(如)는 아(我)와 상응합니다.

시(是)는 문(聞)과 상응합니다.

자아(自我)의 얽매임에서 벗어나 진아(眞我) 즉 법신(法身)에 계합한 것을 아(我)와 여(如)의 상응(相應)이라 표현합니다. 벗어남이란 마음의 중심이 자아가 아닌 법신에 계합되어 있다는 의미입니다.

'아'와 '여'의 상응은 아와 법의 상응과 같은 뜻입니다. 그래서 여기서의 여(如)는 여법(如法)을 뜻합니다. 여법(如法)은 부처님의 가르침에 계합된 선 수행자의 마음으로 부처님과 조사(祖師)님 등 대선지식이 밝힌 규율에 상응하는 실천수행으로도 표현합니다.

자아(自我)와 법신(法身)은 둘이 아닙니다.

이 둘은 분리할 수 있는 그 무엇이 아닙니다. 이것을 바닷물의 표면인 파도와 내면인 깊은 물로 비유합니다. 자아는 표면의 파도에 해당합니다. 법신은 내면의 깊은 물에 해당합니다. 파도와 깊은 물은 같은 바닷물입니다.

이러한 이치에 의해 선 수행에서 일념(一念)을 강조하고 있습니다. 다겁생래로 쌓인 의식(意識)을 강조하지 않습니다. 해탈을 얻고자하는 '나'는 이 순간의 '나'입니다. 과거의 '내'가 아닙니다. 역시 미래의 '나'도 아닙니다. 때문에 한 순간의 생각 차이로 부처가 되고 마왕이 됩니다. 이것을 일념성불(一念成佛), 일념성마(一念成魔)라 표현합니다.

이 순간의 일념에도 집착되지 않은 마음이었을 때 이것을 여(如)와 아(我)가 상응한 것으로 여(如)와 아(我)가 둘이 아닌 여아불이(如我不二)라 표현합니다.

시(是)와 문(聞)은 경계의 입장에서 서로 상응하고 있는 모습을 표현하고 있습니다. 시(是)는 시비(是非)의 시(是)에 해당합니다. 들[聞]은 것은 모두 옳다는 의미입니다. 내가 지금 말하고 있는 전에 들었던 내용은 모두 진실이라는 뜻입니다. 내 개인 생각을 더 보탰거나 혹은 내용을 줄이지 않은 본래 들은 그대로를 지금 말하고 있다는 뜻입니다.

문(聞)은 아난존자가 부처님과 유마대사님 등 주변 사람에게 직접 들은 말씀의 내용뿐만 아니라 제삼자에게 들은 내용도 모두 포함되어 있습니다. 왜냐하면 《유마경》의 핵심 내용인 방장실에서 전개된 불이법문과 그 현상에 대해 아난은 직접 보거나 듣지 못했기 때문입니다.

많은 대중이 문수보살님을 따라 유마대사님의 집으로 갔을 때 아난존자는 따라가지 않고 부처님을 모시고 있었습니다. 그런데 마치 방장실에서 본인이 직접 모두 듣고 본 것처럼 설명하고 있습니다. 그리고 귀로 들은 말뿐만 아니라 보고 느낀 모든 분별의식을 문(聞)이라는 한 글자로 표현하고 있습니다. 이것은 경문을 간단명료하게 전개하기 위해서입니다.

如是．一切．功德．皆悉．具足. (1-57-8)
여시． 일체． 공덕． 개실． 구족.

이와 같은[如是] 일체 공덕[一切功德]을 모두 다[皆悉] 갖추었다[具足].

- **功德공덕** ㉠p63 덕행.

선행을 쌓은 공(功)과 불도를 수행한 덕(德)을 뜻합니다.
공덕은 그 밖에 다음과 같은 뜻으로 사용합니다.

① 복덕과 같은 뜻입니다. 복은 복리(福利)로 선(善)을 실천하는 선지식을 도와 복되게 하므로 복이라 하며, 복으로 쌓인 덕(德)이므로 복덕이라고 표현합니다.
② 공(功)을 공능(功能)이라 해석합니다. 선(善)을 실천하는 선지식을 도와 이롭게 하므로 공이라 하고, 공으로 쌓인 덕이란 뜻으로 공덕이라 표현합니다.
③ 공(功)을 베푸는 것을 공(功)이라 하고, 그러한 결과가 자신에게 돌아옴을 덕(德)이라 표현합니다.
④ 악(惡)이 다함을 공(功)이라 하고, 선(善)이 가득함을 덕(德)이라 표현합니다.
⑤ 덕은 얻었다[得]는 뜻으로, 공을 닦은 다음 얻었으므로 공덕이라 표현합니다.

● **具足**구족

갖추어 있음을 뜻합니다. 여기서는 모든 공덕(功德)이 다 갖추어 있음을 뜻합니다.
선수행에서 일반적으로 공덕과 지혜가 원만할 때 지덕(智德)이 구족되었다고 표현합니다.

文殊師利. 法王子. 菩薩   如是. 等. 三萬二千. 人. (1-58-5)
문수사리. 법왕자. 보살,   여시. 등. 삼만이천. 인.

문수사리법왕자보살[文殊師利法王子菩薩]이며, 이와[是] 같은[如] 분들이[等] 삼만 이천인[三萬二千人]이다.

● **文殊師利法王子菩薩**문수사리법왕자보살

약칭인 문수보살을 많이 사용합니다. 문수(文殊)는 묘(妙), 사리(師利)는 두(頭)로 문수사리는 길상(吉祥), 지혜(智慧)의 뜻입니다. 법왕자(法王子)의 왕자는 부처님을 보좌하고 있는 보살의 신분이기에 부처님을 황제에 비유해 사용한 용어입니다.

왜냐하면 한 나라[정토: 불국토]는 한 분의 부처님만 상주하시기 때문입니다. 그래서 보현보살과 짝하여 석가모니 부처님의 왼쪽 보처(補處)로서 지혜를 상징하고 있습니다.

菩薩. 如是. 爲. 成就. 衆生. 故. (3-118-2)
보살. 여시. 위. 성취. 중생. 고

보살[菩薩]은 이와 같이[如是] 중생[衆生]의 성취[成就]를 위하는[爲] 까닭으로[故],

● **成就**성취

일이 완수되었다는 뜻으로 깨달음을 이루었다는 뜻입니다.
여기시는 중생이 깨달음을 이루었다는 뜻입니다.

● **衆生**중생

아직 깨달음을 성취하지 못한 생명을 뜻합니다.

중생이라는 뜻에는 그 밖에 여러 생을 윤회한다, 여럿이 함께 산다, 많은 연(緣)이 화합하여 생(生)한다는 의미로 사용합니다.

如是, 寶積! (3-119-8)
여시, 보적!
이와 같이[如是] 보적[寶積]이여!

如是 舍利弗! 若人 心淨, 便 見 此土 功德 莊嚴. (4-131-12)
여시, 사리불! 약인 심정, 변 견 차토 공덕 장엄.
이와 같아서[如是], 사리불[舍利弗]이여! 만약[若] 사람[人]이 마음[心]이 청정[淨]하면 곧[便] 이[此] 국토[土]가 공덕[功德]으로 장엄[莊嚴]되어 있음을 보게 되느니라[見].

● 舍利弗사리불

부처님 제자 가운데 첫 번째 상수제자(上首弟子)로 지혜제일(智慧第一)로 칭합니다. 그래서 부처님께서 유마대사님께 병문안 갈 선지식으로 가장 먼저 사리불을 선택합니다. 그리고 《유마경》 중간 중간 꾸중 받는 인물로 역시 사리불이 그 역할을 맡습니다. 그것은 《유마경》이 법신과 계합하는 지혜를 밝히고 있는데 그 지혜의 가르침이 매우 수승함을 드러내기 위해서입니다.

이것은 혜능선사가 "나의 선법은 최상근기만이 상응할 수 있다"고 천명하면서 《유마경》〈제자품〉 '사리불' 편을 인용하여 자신의 선법을 증명한 점과 일맥상통합니다. 사리불 존자는 마갈타국 왕사성 북쪽 나라(那羅)촌에서 태어나 이웃의 목건련과 함께 외도 사연(沙然)을 스승으로 섬기다가 뒤에 마승비구의 인도에 의해 부처님께 귀의했습니다.

※ 心淨심정은 '불토청정'에서 공부.

2. 佛土불토

● **佛土불토 佛國土불국토 淨土정토** ㉠p64 정토.

부처님이 계시면서 교화하는 국토로 불국(佛國), 불계(佛界), 불찰(佛刹)로도 표현합니다.

無量．佛土．皆．嚴淨, (1-57-7)
무량．불토．개．엄정,

무량한[無量] **불국토**[佛土]**가 모두**[皆] **장엄스럽고**[莊嚴] **청정하다**[淸淨].

願．聞．得．佛國土．淸淨, (3-117-2)
원．문．득．불국토．청정,

원컨대[願] **불국토**[佛國土]**의 청정**[淸淨]**을 얻는데**[得] **대해 듣고자**[聞] **하오니,**

※ 願: 원컨대~하오니
※ 淸淨청정은 뒤의 '청정' 단원에서 설명.

衆生．之．類．是．菩薩．佛土. (3-117-7)
중생．지．류．시．보살．불토.

중생[衆生]**의**[之] **류**[類]**가 보살**[菩薩]**의 불국토**[佛土]**이다.**

● **衆生之類중생지류**

류(類)는 중생의 종류를 뜻합니다. 사람, 동물 등 살아있는 모든 생명이 중생에 해당합니다. 더 나아가 산천초목 우주의 삼라만상이 중생 아닌 것이 없습니다.

이처럼 수없이 많은 종류의 중생이 각기 업식(業識)에 의해 법상(法相)을 지니고 있습니다. 그에 부합된 방법을 사용하면 쉽게 그 중생을 깨달음으로 인도할 수 있습니다. 여기에선 각기 다른 수행법을 선호하는 사람을 기준해서 그에 상응하는 보살의 불국토에 대해 부처님께서 가르침을 펴고 계십니다.

※ 菩薩佛土보살불토는 '보살정토'에서 공부.

菩薩．隨所．化．衆生．而．取．佛土 ; (3-117-8)
보살．수소．화．중생．이．취．불토 ;
보살[菩薩]은 중생[衆生]을 교화하는[化] 바[所]에 따라[隨]서[而] 불국토[佛土]를 취하며[取],

● 教化교화
교도전화(教導轉化)의 뜻입니다. 사람을 가르쳐 범부를 성인이 되게 하고, 의심하는 이를 믿게 하고, 그릇된 이를 바른 길로 돌아가게 하는 가르침입니다.

※ 이(而): 순접[그래서]과 역접[그러나]으로 사용하며, 여기에선 순접으로 '그래서'의 뜻입니다.

勿作．是念, 謂．此．佛土．以爲．不淨. (4-130-8)
물작．시염, 위．차．불토．이위．부정.
"이[此] 불국토[佛土]가 깨끗하지 못한[不淨] 것 이었구나[以爲]"하는[謂] 이런[是] (잘못된) 생각[念]을 짓지[作] 마십시오[勿]!

※ 작(作): '짓다'로 (생각을) '일으키다'는 뜻입니다.
※ 물(勿): '~하지 말라'는 뜻으로 막(莫)과 통용되어 막작시염(莫作是念)으로 많이 사용됩니다.
산사(山寺)에 들어서는 문(門)에 다음과 같은 대구(對句) 주련이 있는 것을 자주 보겠습니다.
  입차문래(入此門來) 이 문에 들어서면
  막존지해(莫存知解) 잡념을 일으키지 말라!

今．**佛國土**．嚴淨．悉現.
금．불국토．엄정．실현.

지금[今] 불국토[佛國土]의 장엄하고[嚴] 청정한[淨] (모습이) 잘[悉] 나타나 있습니다[現].

3. 自在자재

● **自在**자재 ㉠ p85 자재.
삶에 자유롭다는 뜻입니다. 마음뿐만 아니라 몸도 구애 받음이 없음을 뜻합니다.
더 나아가 나고 죽음에 자유로움을 뜻합니다.

佛。**自在**慧, (1-57-4)
불。자재혜,

부처님[佛]의 자재[自在]의 지혜[慧]

定。**自在**王。菩薩, (1-57-9)
정。자재왕。보살,

선정[定]으로부터 자재로운[自在] 왕[王]인 보살[菩薩]

※ 정자재왕(定自在王): 보살의 명칭으로 그 뜻은 위와 같습니다.
※ 왕(王): 법왕(法王)의 뜻입니다.
※ 定정은 '보살정토'에서 공부.

法。**自在**王。菩薩, (1-57-10)
법。자재왕。보살,

(모든) 법[法]으로부터 자재로운[自在] 왕[王]인 보살[菩薩]

已。於。諸法。得。**自在**, (2-94-8)
이。어。제법。득。자재,

이미[已] 모든 법[諸法]에 있어서[於] 자재[自在]를 얻었고[得],

※ 이(已): '이미~했다'로 과거를 표시합니다.

自在天宮. (4-130-9)
자재천궁.
자재천[自在天]**의 궁전**[宮殿]

4. 智慧지혜

● **智慧**지혜 **大智**대지 **大智慧**대지혜 **大智大慧**대지대혜 **大慧**대혜 ㉠ p62 지혜.
큰 지혜를 대지대혜(大智大慧)라 칭하며 줄여서 대지(大智)로 사용합니다.
근본 수행력은 공덕(功德)을 뜻하며 덕행(德行)으로도 표현합니다.
성불(成佛)할 인(因)이 되는 근본수행(根本修行) 또는 근본수행법입니다.
공덕과 지혜는 선 수행의 쌍두마차로 덕혜쌍수(德慧雙修)라 표현합니다.
선 수행자가 수승한 지혜가 있는 반면 공덕이 부족하면 정진이 순일하기 쉽지 않습니다. 그것은 지혜란 자신 내면의 마음 안에서 작용하지만 외부 현상과의 순일함은 반드시 공덕력에 의해서 순일하기 때문입니다.
그러한 두 가지 조화의 중요성을 예불문(禮佛文)에서도 잘 밝히고 있습니다.
"지심귀명례 대지문수보살 대행보현보살~"
대행(大行)은 본행(本行)과 같은 뜻입니다.

大智．本行．皆悉．成就． (1-56-3)
대지．본행．개실．성취．
큰 지혜[大智]와 근본 수행력[本行]을 모두 다[皆悉] 성취하다[成就].

布施, 持戒, 忍辱, 精進, 禪定, **智慧**．及．方便力．無不．具足． (1-56-7)
보시, 지계, 인욕, 정진, 선정, 지혜．급．방편력．무불．구족．
보시[布施], 지계[持戒], 인욕[忍辱], 정진[精進], 선정[禪定], 지혜[智慧]와 방편력[方便力]을 구족[具足]하지 않음이 없다[無不].

• 及급
'~ 그리고 ~을', '~과 ~을 (모두)~'의 병렬관계에서 사용합니다.

※ 육바라밀[보시 지계 인욕 정진 선정 지혜]은 '보살정토'에서 공부.
※ 方便力방편력은 '보살정토'에서 공부.

功德. 智慧. 以修. 其心, (1-56-9)
공덕. 지혜. 이수. 기심,
공덕[功德]과 지혜[智慧]로 그[其] 마음[心]을 닦음[修]으로서[以~],

5. 稽首계수

● **稽首**계수
머리를 땅에 대고 큰절하는 것으로 계수례(稽首禮)라고도 표현합니다.

導衆．以寂．故．稽首. (2-94-3)
도중．이적．고．계수.
적멸[寂滅]로서[以] 중생[衆生]을 인도하시는[導] 까닭에[故] 경배 드립니다[稽首].

● **寂滅**적멸
열반의 뜻입니다. 생사윤회(生死輪廻)하는 인(因)과 과(果)를 멸(滅)하여 다시는 미혹(迷惑)으로 생사윤회하지 않는 적정(寂靜)한 경계(境界)를 뜻합니다.

稽首．十力．大精進, (2-96-3)
계수．십력．대정진,
십력[十力]으로 대정진[大精進]하시는 (부처님)께 경배 드립니다[稽首].

● **十力**십력
① 부처님만이 갖추고 있는 열 가지 지력(智力):
처비처지력(處非處智力), 업이숙지력(業異熟智力), 정려해탈등지등지지력(靜慮解脫等持等至智力), 근상하지력(根上下智力), 종종승해지력(種種勝解智力), 종종계지력(種種界智力), 변취행지력(遍趣行智力), 숙주수념지력(宿住隨念智力), 사생지력(死生智力), 누진지력(漏盡智力).
② 보살이 갖추고 있는 열 가지 지력(智力):
심심력(深心力), 증상심심력(增上深心力), 방편력(方便力), 지력(智力), 원력(願力), 행력

(行力), 승력(乘力), 신변력(神變力), 보리력(菩提力), 전법륜력(轉法輪力).

稽首.已.得.無所畏. (2-96-3)
계수.이.득.무소외.

이미[已] 무소외[無所畏]를 얻으신[得] (부처님)께 경배 드립니다[稽首].

● **無所畏무소외**

무외(無畏)로도 표현합니다. 부처님과 보살이 대중을 향해 법을 설할 때 마음에 두려움이 없다는 뜻으로 4무외(四無畏)가 있습니다.

부처님의 사무소외(四無所畏): 정등각무외(正等覺無畏), 루영진무외(漏永盡無畏), 설장법무외(說障法無畏), 설출도무외(說出道無畏).

보살의 사무소외(四無所畏): 능지무외(能持無畏), 지근무외(知根無畏), 결의무외(決疑無畏), 답보무외(答報無畏).

稽首.住.於.不共法, (2-96-4)
계수.주.어.불공법,

불공법[不共法]에서[於] 상주하시는[住] (부처님)께 경배 드립니다[稽首].

● **不共法불공법**

부처님만이 갖추고 있는 열여덟 가지 법력으로 십팔불공법(十八不共法)이라 표현합니다. 십팔불공법(十八不共法): 신무실(身無失), 구무실(口無失), 의무실(意無失), 무이상(無異想), 무부정심(無不定心), 무부지이사(無不知已捨), 욕무감(欲無減), 정진무감(精進無減), 염무감(念無減), 혜무감(慧無減), 해탈무감(解脫無減), 해탈지견무감(解脫知見無減), 일체신업수지혜행(一切身業隨智慧行), 일체구업수지혜행(一切口業隨智慧行), 일체의업수지혜행(一切意業隨智慧行), 지혜지견과거세무애무장(智慧知見過去世無礙無障), 지혜지견미래세무애무장(智慧知見未來世無礙無障), 지혜지견현재세무애무장(智慧知見現在世無礙無障).

稽首．一切．大導師, (2-96-4)
계수．일체．대도사,

모든[一切] (중생)의 큰 인도자[大導師]이신 (부처님)께 경배 드립니다[稽首].

● **大導師**대도사

중생을 가르쳐 인도한다는 뜻으로 부처님과 대보살에 대한 존칭입니다.

稽首．能．斷．衆．結縛, (2-96-5)
계수．능．단．중．결박,

능히[能] 모든[衆] 결박[結縛]을 끊으신[斷] (부처님)께 경배 드립니다[稽首].

● **結縛**결박

선 수행에서 자주 사용되는 용어로 번뇌에 구속되어 있는 상태를 뜻하며 한 글자로 박(縛)이라 표현합니다. 번뇌로부터 자유로운 상태를 해(解) 또는 해탈(解脫)이라 표현합니다.

稽首．已．到．於．彼岸． (2-96-5)
계수．이．도．어．피안．

이미[已] 피안[彼岸]에 도달하신[到] (부처님)께 경배 드립니다[稽首].

● **彼岸**피안

피안은 '저 언덕' 즉 깨달음의 열반세계를 뜻하며, 이것은 중생이 살고 있는 이곳(차안: 此岸)에 대한 상대적인 개념에서 사용한 용어입니다. 도피안(到彼岸)은 '저 언덕에 도달하다'로 이미 깨달음을 성취하여 열반에 들어간 것을 뜻합니다.

"번뇌에 얽매인 고통의 이 세계인 생사고해(生死苦海)를 건너 이상경(理想境)인 열반(涅槃)의 저 언덕에 도달하자"는 신앙정신에서 많이 사용합니다.

《유마경》에선 이 중생세계와 저 열반세계가 둘이 아님을 더욱 강조하고 있습니다.

稽首 能 度 諸 世間. (2-96-6)
계수 능 도 제 세간,

능히[能] 세간[世間] (중생)을 제도하신[度] (부처님)께 경배 드립니다[稽首].

● **世間세간**

출세간의 상대 의미인 세간을 뜻합니다.

세(世)는 천류(遷流) 또는 격별(隔別)의 뜻이고, 간(間)은 간차(間差)의 뜻으로 과거 현재 미래의 삼세가 천류하면서 끝임 없이 변화하기 때문에 그 속에서 존재하는 생물은 생로병사(生老病死)가 있고 무생물은 생주이멸(生住異滅)이 있어 항상 불안전합니다. 이러한 불안전한 세상을 초월해서 나고 죽는 생사의 윤회가 없는 곳을 출세간(出世間)이라 표현하며, 출세간은 선 수행자가 노니는 불이선경(不二禪境)입니다.

稽首 永 離 生死 道 (2-96-6)
계수 영 리 생사 도,

영원히[永] 생사[生死]의 육도[道]를 떠나신[離] (부처님)께 경배 드립니다[稽首].

● **六道육도**

중생이 업인(業因)에 따라 생사 윤회하는 여섯 가지 길로 지옥도, 아귀도, 축생도, 아수라도, 인간도, 천상도를 뜻합니다.

是故 稽首 此 法王. (2-94-8)
시고 계수 차 법왕.

그러므로[是故] 이러한[此] 법왕[法王]께 경배 드립니다[稽首].

今 我 稽首 三界 尊. (2-95-8)
금 아 계수 삼계 존.

지금[今] 제가[我] 삼계[三界]의 (스승이신) 세존[尊]께 경배 드립니다[稽首].

● **三界**삼계 ㉠p169 삼계.

생사(生死)의 유전(流轉)이 쉴 새 없는 미계(迷界)를 셋으로 분류한 것으로 욕계, 색계, 무색계를 뜻합니다.

① 욕계(欲界): 욕은 탐욕으로 특히 식욕(食慾), 수면욕(睡眠慾), 음욕(淫慾)이 치성한 세계를 뜻하며 인간세상은 여기에 속합니다.
② 색계(色界): 욕계와 같은 탐욕은 없으나 미묘(微妙)한 형체가 있는 세계입니다.
③ 무색계(無色界): 색계와 같은 미묘한 몸도 없는 순수한 정신으로만 존재하는 세계입니다.

稽首．如空．無所依． (2-96-9)
계수．여공．무소의．

허공[空]처럼[如] 의지하는[依] 바[所] 없으신[無] (부처님)께 경배 드립니다[稽首].

● **如空**여공

일반적으로 '허공과 같다'는 '걸림 없다'의 의미로 사용하며, 깊은 뜻으론 '여여부동(如如不動)한 공적(空寂)'을 가리킵니다.

● **無所依**무소의

"의지하는 바 없다"는 뜻으로 의지할 바 그 무엇도 필요하지 않다는 의미입니다.

머무는 바 있으면 곧바로 의지함이 있게 됩니다. 만약 머무는 바 없으면 의지함이 필요 없게 됩니다. 그래서 《금강경》에서 "머무는 바 없이 마음을 내라: 응무소주 이생기심(應無所住 而生其心)"을 강조하고 있습니다.

6. 寶積보적

● **寶積**보적

보적보살은 유마대사님의 도반입니다.

《유마경》의 불이법문은 보적보살이 부처님께 보살정토를 성취하는 방법에 대한 가르침을 구하면서 시작됩니다. 보적보살은 다른 경전에서도 중심인물로 등장합니다.

寶積 菩薩, (1-57-11)
보적 보살,

보적[寶積] 보살[菩薩]과

名 曰 寶積, (2-93-1)
명 왈 보적,

이름[名]하여 가로대[曰] 보적[寶積]이며,

長者子 寶積, 卽 於 佛前 以 偈頌 曰 : (2-94-1)
장자자 보적, 즉 어 불전 이 게송 왈 :

장자[長者]의 아들[子] 보적[寶積]이 곧바로[卽] 부처님[佛] 앞[前]에서[於] 게송[偈頌]으로서[以] 가로대[曰]:

● **長者**장자

인도에서 좋은 집안에 태어나 많은 재산을 소유하면서 덕을 갖춘 사람을 부르는 칭호입니다.

爾時, 長者子 **寶積** 說 此偈 已, 白佛言： (3-117-1)
이시, 장자자 보적 설 차게 이, 백불언：

이때[爾時] 장자[長者]의 아들[子] 보적[寶積]이 이[此] 게송[偈頌]의 설[說]을 마치고[已] 부처님[佛]께 아뢰어[白] 말씀드리기를[言]：

이때 설(說)은 시 낭독하듯 게송을 "낭독하다" 또는 "읊다"는 뜻입니다.

佛言：「善哉 **寶積**！乃 能 爲 諸 菩薩 問 於 如來 淨土 之 行. (3-117-4)
불언： 선재, 보적！내 능 위 제 보살 문 어 여래 정토 지 행.

부처님[佛]께서 말씀하시기를[言]: 선재로다[善哉] 보적[寶積]이여! 이내[乃] 능히[能] 모든[諸] 보살[菩薩]을 위해[爲] 여래[如來]의 정토지행[淨土之行]에 대해[於] 묻고 있구나[問].

● **善哉**선재
제 뜻에 맞음을 칭찬하는 말로 "좋다", "그렇다", "옳다"의 뜻입니다.

※ 淨土之行정토지행은 〈보살정토〉에서 설명.

於是, **寶積** 及 五百 長者子 受教 而 聽. (3-117-6)
어시, 보적 급 오백 장자자 수교 이 청.

그래서[於是] 보적[寶積]과 오백[五百] (명)의 장자[長者]의 아들[子]들은 가르침[教]을 받고[受]자[而] (정성껏) 듣다[聽].

佛言：「**寶積**！ (3-117-7)
불언： 보적！

부처님[佛]께서 말씀하시기를[言]: 보적[寶積]이여!

寶積！當知, (3-118-3)
보적！당지,

보적[寶積]이여! 마땅히[當] 알라[知],

寶積․所將․五百․長者子․皆․得․無生法忍, (4-131-13)
보적․소장․오백․장자자․개․득․무생법인,

보적[寶積]과 함께 온[所將] 오백[五百] (명)의 장재[長者]의 아들[子]들이 모두[皆] 무생법인[無生法忍]을 얻었다.

● **無生法忍**무생법인 ㉠p80 무생법인.

다음과 같이 여러 가지 이치를 체득하는 경우에 다 같이 무생법인의 명칭을 사용합니다.

① 불생불멸(不生不滅)하는 진여법성(眞如法性)을 인지(忍知)하고 거기에 안주하여 움직이지 않는 것으로 이것은 보살이 초지(初地)나 7~9지(地)에서 얻는 깨달음입니다.

② 희인(喜忍), 오인(悟忍), 신인(信忍)이라고 부르는 위(位)로 극락세계에 왕생하기로 결정된 것을 의심하지 않는 것을 뜻합니다. 이것은 생즉무생(生卽無生)의 왕생을 인득(忍得)한 것이므로 이 같이 칭합니다.

7. 佛불 世尊세존 如來여래

● **佛불 世尊세존 如來여래** ㉠ p62 부처님.
불(佛)은 불타(佛陀)의 준말로 각자(覺者)의 뜻입니다.

一時, 佛 在 毗耶離 菴羅樹園, 與 大比丘 衆 八千人 俱. (1-56-2)
일시, 불 재 비야리 암라수원, 여 대비구 중 팔천인 구.

(어느) 한[一] 때[時] 부처님[佛]께서 비야리(성)[毗耶離]의 암라수원[菴羅樹園]에서 큰 스님[大比丘] 팔천[八千] 분[人]들[衆]과 함께[與] 계셨다[俱].

● **一時일시**

어느 때[一時]

경전(經典) 처음에 있는 여시아문(如是我聞) 등에 6성취(成就)를 세우는데 시성취(時成就)에 해당한 것으로 '어느 때'라고 경을 설하던 때를 지적하는 말입니다.

여기에선 《유마경》을 설한 때를 가리킵니다. 불경에서 몇 년 몇 월 며칠이라는 정확한 시간을 밝히지 않고 '한 때, 그때'를 의미하는 일시(一時)로 표현하고 있습니다.

이와 같이 표현한데는 여러 가지 원인이 있는데 그중에서 선 수행자에게 "고정화된 시간의 틀에 얽매이지 말 것"을 일깨우고 있습니다. 왜냐하면 선 수행의 목적인 법신과의 계합은 시간을 초월해서 성취되기 때문입니다.

색신(色身) 즉 육신(肉身)은 시간이 변화하는 영향을 받습니다. 만약 시간의 틀에 매여 있으면 태어나고 늙고 병들고 죽어가는 색신의 변화현상을 보고 마음이 시공(時空)을 초월해서 존재하는 법신과 계합되기가 쉽지 않습니다. 경전에서 설법했던 정확한 날짜가 기입되어 있으면 그 고정화된 설법시간에 얽매여 마치 그 시간이 특별한 의미를 지니고 있는 것처럼 집착하기 쉽습니다. 이러한 시간에 집착하는 선 수행자의 방해요소를 만들지 않기 위해 막연하게 일시(一時)로 표현하고 있습니다.

- **毗耶離城**비야리성   - **菴羅樹園**암라수원

비야리는 성(城: 나라)이름으로 남방으로 마갈타국과 항하를 사이에 두고 대치하던 중인도(中印度)에 있던 나라로 광엄성(廣嚴城)이라 번역합니다. 동진(東晋)의 법현(法顯)스님, 당나라의 현장(玄奘)스님이 이곳에 갔을 땐 이미 황폐되었습니다.

지금 벵갈 지방의 서쪽 바트나시의 북쪽 27마일에 있는 베사르(Besarh)촌이 비야리성의 옛 터로 전해지고 있습니다.

암라수원은 비야리성 밖에 있던 동산으로 부처님께서 상주하시며 설법하시던 도량입니다.

- **大比丘**대비구

덕이 높고 나이가 많은 비구스님의 칭호로 현대 언어로 큰스님에 해당합니다.

출가하여 250계를 받은 남자 스님을 비구라 하고, 출가하여 348계를 받은 여자 스님을 비구니(比丘尼)라 칭합니다.

여자는 남자에 비해 업장이 두터워 지켜야할 계율이 더 많다고 전해지며 보통 500계로 표현합니다. 이러한 업장설에 기인해서 백세비구니(百歲比丘尼) 초하비구족(初下比丘足) 즉 오래 동안 수행 정진한 백세 된 여자 스님이 막 비구계를 받은 남자 스님 발아래 큰 절을 올린다는 표현이 있습니다.

이것은 과거 남존여비(男尊女卑)의 사회풍토에 기인한 수행문화이며 현대사회에선 어떻게 보면 여성이 남성에 비해 더욱 깊은 수행력을 갖출 수 있는 시대이기도 합니다.

어린 나이에 출가하면 먼저 10계를 받아 사미(沙彌)[여성은 사미니(沙彌尼)] 스님으로 칭하다가 20세가 넘으면 다시 비구계 또는 비구니계를 받습니다.

현재 조계종 등 우리나라 종단에선 20세가 넘어서 출가해도 먼저 사미계 또는 사미니계를 받고 일정기간 수행력을 향상한 다음 다시 비구계 또는 비구니계를 받게 제도화되어 있습니다.

중(衆)은 대중을 뜻합니다. 여기에선 부처님의 설법을 듣기 위해 모인 팔천 명의 대비구 스님들을 뜻합니다. 대비구(大比丘)를 대아라한(大阿羅漢)이라 칭하며 큰스님에 해당한 칭호입니다.

各以.其.蓋.共.供養.佛. (2-93-2)
각이.기.개.공.공양.불.

(오백 명의 장자의 아들들이) 각기[各] 자신들이 가지고 온[其] 보개[蓋]로서[以] 다같이[共] 부처님[佛]께 공양 올렸다[供養].

佛.之.威神, (2-93-3)
불.지.위신.

부처님[佛]의[之] 위신(력)[威神]으로,

● 威神(力)위신(력)
존엄하고 측량할 수 없는 불가사의(不可思議)한 법력(法力).

爾時, 一切.大衆.覩.佛.神力, (2-93-9)
이시, 일체.대중.도.불.신력,

이때[爾時] 모든[一切] 대중[大衆]이 부처님[佛]의 신력[神力]을 보면서[覩],

今.奉.世尊.此.微蓋, (2-95-5)
금.봉.세존.차.미개,

지금[今] 세존[世尊]께 바친[奉] 이[此] 미진한[微] 산개[蓋](들)을,

衆.覩.希有.皆.歎.佛, (2-95-8)
중.도.희유.개.탄.불,

대중들[衆]이 희유[希有]함을 직접 보고서[覩] 모두[皆] 부처님[佛]을 찬탄하오니[歎],

• **希有**희유
아주 드물고 진귀한 것으로 그와 같은 예가 없는 것을 뜻합니다.

各. 見. 世尊. 在. 其前, (2-95-10)
각. 견. 세존. 재. 기전,
각자[各]가 세존[世尊]께서 (바로) 자신의 앞에[其前] 계시는 것을[在] 보게 되니[見],

佛. 以. 一音. 演. 說法, (2-95-11)
불. 이. 일음. 연. 설법,
부처님[佛]께선 일음[一音]으로서[以] 법[法]을 연설[演說]하지만,

• **演說法**연설법   ㉠p84 강설.
불법(佛法)을 입으로 말하여 남에게 가르치는 것을 뜻합니다.

皆. 謂. 世尊. 同. 其語, (2-95-12)
개. 위. 세존. 동. 기어,
모두[皆]가 "세존[世尊]께서 자신에게 부합되는[同] 그러한[其] 말씀을 하신다[語]."고 말하니[謂],

唯願. 世尊. 說. 諸. 菩薩. 淨土. 之. 行. (3-117-3)
유원. 세존. 설. 제. 보살. 정토. 지. 행.
오직[唯] 원 하옵나니[願] 세존[世尊]이시여, 모든[諸] 보살[菩薩]의 정토지행[淨土之行]에 대해서 설하여[說] 주옵소서!

※ 원(願): 원 하옵나니 ~하여 주옵소서!

爾時, 舍利弗 承 佛 威神 作 是 念: (4-130-1)
이시, 사리불 승 불 위신 작 시 염:

이때[爾時] 사리불[舍利弗] (존자)가 부처님[佛]의 위신(력)[威神]을 받아[承] 이러한[是] 생각[念]을 했다[作]:

我 世尊 本爲 菩薩 時, (4-130-2)
아 세존 본위 보살 시,

(사리불 존자가 생각하기를): "우리[我]의 세존[世尊]께서 본래[本] 보살[菩薩]로 계실[爲] 때[時],"

佛 知 其念, 卽 告 之 言: (4-130-3)
불 지 기념, 즉 고 지 언:

부처님[佛]께서 (사리불의) 그러한[其] 생각[念]을 아시고[知] 곧바로[卽] 그(사리불)에게[之] 고하여[告] 말씀하시기를[言]:

對曰:「不也. 世尊! 是 盲者 過, 非 日月 咎.」 (4-130-5)
대왈: 불야. 세존! 시 맹자 과, 비 일월 구.

(사리불이) 대답하여[對] 말씀드리기를[曰]: "그렇지 않습니다[不也], 세존[世尊]이시여! 이것[是]은 맹인[盲者]의 허물이지[過] 해[日]와 달[月]의 허물[過]이 아닙니다[非]."

「舍利弗!衆生 罪 故. 不見 如來 佛國 嚴淨. 非 如來 咎. (4-130-6)
사리불! 중생 죄 고, 불견 여래 불국 엄정, 비 여래 구.

사리불[舍利弗]이여! 중생[衆生]이 죄업[罪]으로 인해[故] 여래[如來]의 불국(토)[佛國]가 장엄[嚴]하고 청정[淨]함을 보지 못하는 것이며[不見] (이것은) 여래[如來]의 허물[過]이 아니니라[非].

當．佛．現．此．國土．嚴淨．之．時, (4-131-13)
당．불．현．차．국토．엄정．지．시,

부처님[佛]께서 이러한[此] (불)국토[國土]의 장엄[嚴]하고 청정[淨]함을 나타내어[現] 보게 했을[當] 때[時],

佛．攝．神足, 於是．世界．還復．如．故, (4-132-1)
불．섭．신족. 어시．세계．환복．여．고,

부처님[佛]께서 신족[神足]을 거두자[攝] 그러한[於是] (불국토의 장엄하고 청정한) 세계[世界]가 다시[復] 원래대로[如] 되돌아 간[還] 까닭에[故], ~

● **神足**신족
여기에선 법력을 지닌 부처님의 발을 뜻합니다.

始在．佛樹．力．降魔
시재．불수．역．항마,

처음[始] 부처님[佛]께서 보리수[樹] (아래) 계실 때[在] 법력[力]으로 마구니[魔]를 항복받으시고[降],

8. 一切일체

● 一切일체
'만물의 전체', '온갖 것', '모든 것'을 뜻합니다.

關閉．一切．諸．惡趣門, (1-57-5)
관폐．일체．제．악취문,

일체[一切]의 모든[諸] 악취문[惡趣門]을 관폐[關閉]하고,

● 惡趣門악취문
악취가 나는 문으로 주로 나고 죽을 때 경과하는 곳을 뜻합니다.

● 關閉관폐
"막아 없앴다"는 뜻으로 여기에선 생사윤회를 초월한 것을 의미합니다.

於是．一切．悉．見聞. (2-94-5)
어시．일체．실．견문.

그러한[於是] 일체[一切(의 장엄하고 청정한 모습을 모두가)] 실제로[悉] 보고[見] 듣습니다[聞].

常．以．法財．施．一切, (2-94-6)
상．이．법재．시．일체,

항상[常] 법재[法財]로서[以] 일체[一切]에 베풉니다[施].

● 法財법재
수행하는 법(法)과 수행에 필요한 재물(財物)을 뜻합니다.

9. 師子吼사자후

● 獅子吼사자후 ㉠p66 사자후.
불보살의 설법을 사자의 영각(哮吼)에 비유한 말입니다.

能．師子吼．名聞．十方,　(1-56-4)
능．사자후．명문．시방,

능히[能] 사자후[獅子吼]를 (발하는 대보살들의) 명성[名]을 시방세계[十方]에서 들을 수 있고[聞],

● 十方시방 ㉠p67 시방세계.

演法．無畏．猶．師子吼　(1-57-2)
연법．무외．유．사자후,

법[法]을 연설[演]하는데 두려움[畏] 없는[無] (모습이) 마치[猶] 사자[師子]가 부르짖는[吼] 것과 같고,

※ 猶유: 마치~와 같다.

師子吼．菩薩　(1-58-1)
사자후．보살,

사자후[獅子吼] 보살[菩薩],

10. 衆生중생 群生군생

● **衆生중생 群生군생**

군생은 '여러 중생들'의 뜻으로 많은 중생을 의미합니다.

善解．法相．知．**衆生**根． (1-56-8)
선해．법상．지．중생근．

법상[法相]에 밝아[善解] 중생[衆生]의 근기[根]를 알며[知]

● **法相법상**

모든 법의 모양으로 만유(萬有)의 자태(姿態)를 뜻합니다.

● **根器근기**

근(根)은 근성(根性)의 뜻으로 중생은 그 근성에 따라 제각기 법을 받아들이므로 기(器)라 표현합니다.

善知．**衆生**．往來．所趣．及．心．所行． (1-57-4)
선지．중생．왕래．소취．급．심．소행．

중생[衆生]이 왕래하는[往來] 곳[所趣]과[及] 마음[心]의 움직임[所行]을 잘[善] 안다[知].

法王．法力．超．**群生**． (2-94-6)
법왕．법력．초．군생．

법왕[法王]의 법력[法力]으로 군생[群生]에 초연[超]하면서,

● **法王**법왕

부처님을 찬탄하는 말입니다. 왕은 가장 수승하고 자재하다는 뜻입니다. 부처님은 법문의 주인이며 중생을 교화함에 자유자재한 묘용(妙用)이 있으므로 이렇게 명칭합니다.

● **法力**법력 ㉠ p85 법력.

법(法)의 공덕력(功德力) 또는 불법(佛法)의 위력(威力)을 뜻합니다.

以．斯．妙法．濟．羣生． (2-95-1)
이．사．묘법．제．군생,

이러한[斯] **묘법**[妙法]**으로서**[以] **군생**[群生]**을 제도하시니**[濟],

● **妙法**묘법

미묘한 법(法)으로 여기에선 부처님의 가르침을 뜻합니다.

衆生．隨類．各．得解． (2-95-11)
중생．수류．각．득해.

중생[衆生]**들은** (자신의) **류**[類]**에 따라**[隨] **각기**[各] **해탈**[解]**을 얻는다**[得].

● **解**해 **解脫**해탈

번뇌의 속박을 벗어나 자유로운 경지(境地)에 노니는 것으로 열반을 뜻합니다.

衆生．各各．隨．所．解． (2-95-13)
중생．각각．수．소．해.

중생[衆生]**들은 각자**[各各] **자신의 근기**[所]**에 따라**[隨] **해탈**(을 성취)**한다**[解].

제1장 用語공부 45

悉．知．眾生．來去．相 (2-96-7)
실．지．중생．내거．상,

중생[眾生]이 오고[來] 가는[去] 상[相]에 대해 잘[悉] 알아서[知],

11. 會坐회좌

● **會坐**회좌

'모여 있다'는 뜻으로 여기에선 부처님께 법문을 듣기 위해 부처님이 계시는 도량에 많은 대중이 와서 함께 앉아 있는 것을 뜻합니다.

來在●會坐,　(1-58-7)
래재●회좌,
와서[來] 회좌[會坐]하고 있고[在],

悉來●會坐.　(1-58-8)
실래●회좌.
잘[悉] 와서[來] 회좌했다[會坐].

俱來●會坐.　(1-58-9)
구래●회좌.
함께[俱] 와서[來] 회좌했다[會坐].

12. 復有부유

• **復有**부유
다시 ~가 있어. 주로 사람 등을 나열할 때 사용합니다.

復有．萬．梵天王．尸棄．等, (1-58-6)
부유． 만． 범천왕． 시기． 등,
다시[復] 만[萬] (명)의 범천[梵天]의 왕[王] 시기[尸棄] 등[等]이 있어[有],

• **梵天**범천
색계(色界)의 초선천(初禪天)으로 범(梵)은 맑고 깨끗하다는 뜻입니다.
이 하늘은 욕계의 음욕을 여의어서 항상 깨끗하고 조용하므로 범천이라 합니다. 범중천·범보천·대범천을 범천이라 통칭하며, 여기에서 범천은 초선천의 주(主)인 범천왕을 가리킵니다.

• **尸棄**시기
범천의 다른 명칭입니다.

復有．萬二千．天帝, (1-58-7)
부유． 만이천． 천제,
다시[復] 만[萬] 이천[二千] (명)의 천제[天帝]가 있어[有],

• **天帝**천제
제석(帝釋)천왕을 뜻합니다.

13. 寶蓋보개

● 寶蓋보개

양산처럼 햇볕 가리는 산개(傘蓋)로 보개는 보석으로 장식한 산개를 뜻합니다.

令. 諸. 寶蓋. 合成. 一蓋. (2-93-3)
영. 제. 보개. 합성. 일개.

모든[諸] 보개[寶蓋]가 합해서져서[合] 하나의[一] (큰) 보개[蓋]가 되[成]게 하니[令],

悉. 現. 於. 寶蓋. 中. (2-93-7)
실. 현. 어. 보개. 중.

(~가) 보개[寶蓋] 가운데[中]에[於] 잘[悉] 나타났다[現].

又. 十方. 諸佛. 諸佛. 說法. 亦. 現. 於. 寶蓋. 中. (2-93-8)
우. 시방. 제불. 제불. 설법. 역. 현. 어. 보개. 중.

또한[又] 시방세계[十方]의 모든[諸] 부처님[佛]과 모든[諸] 부처님[佛]이 법[法]을 설하시는[說] (모습이) 보개[寶蓋] 가운데[中]에[於] 역시[亦] 나타났다[現].

14. 須彌수미

● **須彌**수미   ㉠p81 수미산.

名稱．高遠．踰於．須彌, (1-56-10)
명칭．고원．유어．수미,

(대보살님들의) 이름[名]을 칭송함[稱]이 (저) 높고[高] 먼[遠] 수미(산)[須彌] 너머에 까지 알려지고[踰於],

諸．須彌山, 雪山, (2-93-5)
제．수미산, 설산,

모든[諸] 수미산[須彌山]과 설산[雪山]과 ~

毀譽．不動．如．須彌, (2-95-3)
훼예．부동．여．수미,

비방하고[毀] 칭찬해도[譽] 부동하심이[不動] 마치[如] 수미산[須彌山]과 같아,

※ 여(如): 마치 ~와 같다.

15. 淸淨청정

● **淸淨청정**　㉠p76 청정.
나쁜 짓으로 지은 허물이나 번뇌의 더러움에서 벗어난 깨끗함을 뜻하며. 크게 자성청정(自性淸淨)과 이구청정(離垢淸淨)의 두 가지가 있습니다.

悉已．淸淨．永離．蓋纏．　(1-56-6)
실이．청정．영리．개전
잘[悉] 이미[已] 청정하여[淸淨] 영원히[永] 개전[蓋纏]을 여의어[離],

● **蓋纏개전**
번뇌의 다른 이름으로 개(蓋)는 착한 마음을 덮는다는 뜻이고, 전(纏)은 속박하여 자유롭지 못하다는 뜻입니다.

其．輪．本來．常．淸淨．　(2-94-13)
기．륜．본래．상．청정.
그[其] 법륜[法輪]은 본래[本來] 항상[常] 청정하다[淸淨].

● **法輪법륜**
불교의 가르침을 뜻합니다.
부처님의 교법으로 중생의 번뇌와 망상을 없애는 것이 마치 전륜성왕의 윤보(輪寶)가 산과 바위를 부수는 것 같으므로 법륜이라 합니다.
또한 교법(敎法)은 한 사람 한 곳에 머물러 있지 않고 늘 굴러서 여러 사람에게 이르는 것이 마치 수레바퀴와 같으므로 '법의 바퀴'라는 뜻인 법륜으로 칭합니다.

16. 三寶삼보 法寶법보

● **三寶삼보** ● **法寶법보** ㉠ p72 삼보.

불보(佛寶), 법보(法寶), 승보(僧寶)를 삼보라 칭합니다.

불보(佛寶): 정각(正覺)을 성취한 부처님을 뜻합니다.

법보(法寶): 부처님이 말씀한 교법(敎法)을 뜻합니다.

승보(僧寶): 교법대로 수행하는 선지식을 뜻합니다.

紹隆．三寶．能使．不絶． (1-56-5)
소륭．삼보．능사．부절．

삼보[三寶]를 계승하고[紹] 융성시켜[隆] 능히[能] 끊어지지[絶] 않게[不] 하며[使],

※ 능사(能使): '능히 ~하도록 하다'의 뜻.
※ 부절(不絶): '끊어지지 않다'는 뜻. 불(不)을 여기에선 부(不)로 발음합니다.

集衆．法寶．如．海導師． (1-57-3)
집중．법보．여．해도사．

모든[衆] 법보[法寶]를 모아 지니고 있는[集] 것이 마치 해도사[海導師]와 같아서[如],

● **海導師해도사**

바다 속에서 보배를 모으는 사람을 칭합니다. 여기에선 바다 속의 수많은 보배를 지니고 있는 사람처럼 보살도 모든 법의 진리를 체득하고 있다는 뜻입니다.

17. 三千大千世界삼천대천세계

● **三千大天世界**삼천대천세계   ㉠ p101 삼천대천세계.

偏覆．三千大千．世界,   (2-93-3)
변복．삼천대천．세계,
삼천대천세계[삼천대천세계]를 두루[변] 덮어서[복],

而．此．世界．廣長．之．相, 悉．於．中．現   (2-93-4)
이．차．세계．광장．지．상, 실．어．중．현
그래서[而] 이[此] (삼천대천)세계[世界]의 광장[廣長]한 모습[相]이 (큰 산개) 가운데[中]에 [於] 잘[悉] 나타났다[現].

於．中．現．我．三千界.   (2-95-5)
어．중．현．아．삼천계.
(보개) 가운데[中]에[於] 저희[我]가 (살고 있는) 삼천대천세계[三千界]를 나타내셨습니다 [現].

又．此．三千大千．世界,
우．차．삼천대천．세계,
또한[又] 이[此] 삼천대천세계[三千大天世界]의,

18. 菩薩보살

● **菩薩**보살   ㉠ p62 보살. ㉠ p64 대선지식.
보리살타(菩提薩埵)의 준말로 발보리심하여 육바라밀을 수행하면서 위로 깨달음을 구하고[상구보리(上求菩提)] 아래로 중생을 이롭게 하는[하화중생(下化衆生)] 선지식의 총칭입니다.

菩薩．三萬二千,
보살．삼만이천,
보살[菩薩] 삼만[三萬] 이천[二千] (명의 대선지식)은

衆生．之．類．是．菩薩．佛土. (3-117-7)
중생．지．류．시．보살．불토.
중생[衆生]의[之] 류[類]가 보살[菩薩]의 불토[佛土]이다[是].

菩薩．隨所．化．衆生．而．取．佛土 ; (3-117-8)
보살．수소．화．중생．이．취．불토 ;
보살[菩薩]이 중생[衆生]을 교화하는[化] 바[所]에 따라[隨]서[而] 불토[佛土]를 취한다[取].

제 2장

한자漢字 공부

한문공부의 향상을 위해
앞의 용어공부와
중복된 예문을 많이 두었습니다.

1. 能능

能．師子吼．名聞．十方, (1-56-4)
능．사자후．명문．시방,

능히[能] 사자후[獅子吼]로 명성[名]이 시방세계[十方] (중생이) 들어[聞] (알 수 있을 정도로 알려지고),

紹隆．三寶．**能使**．不絕, (1-56-5)
소륭．삼보．능사．부절,

삼보[三寶]를 계승하여[紹] 융성시켜서[隆] 능히[能] 끊어지지[絕] 않게[不] 하며[使],

已能．隨順．轉．不退．輪, (1-56-8)
이능．수순．전．불퇴．륜,

이미[已] 능히[能] 순조로움[順]을 따라[隨] 법륜[輪]을 굴림에[轉] (더 이상) 후퇴[退]하지 않으며[不],

能．善．分別．諸．法相, (2-94-7)
능．선．분별．제．법상,

능히[能] 모든[諸] 법[法]의 상[相]을 잘[善] 분별해서[分別],

稽首．**能**．斷．衆．結縛, (2-96-5)
계수．능．단．중．결박,

능히[能] 중생의[衆] 결박[結縛]을 끊게 하시는[斷] (부처님께) 경배 드립니다[稽首].

稽首 能 度 諸 世間, (2-96-6)
계수 능 도 제 세간,

능히[能] 모든[諸] 세간중생[世間]을 제도하시는[度] (부처님께) 경배 드립니다[稽首].

乃 能 爲 諸 菩薩 問 於 如來 淨土 之 行. (3-117-4)
내 능 위 제 보살 문 어 여래 정토 지 행.

이내[乃] 능히[能] 모든[諸] 보살[菩薩]을 위해서[爲] 여래[如來]의 정토지행[淨土之行]에 대해서[於] 묻는구나[問]!

終 不能 成. (3-118-1)
종 부능 성.

마침내[終] 결코[能] 이루지[成] 못하느니라[不].

2. 不불

衆人●不請●友●而●安之, (1-56-5)
중인●불청●우●이●안지,

사람들이[衆人] 청한[請] 바 없지만[不] (스스로) 벗[友]이 되어[而] 그들[之]을 안심케 하며[安],

선 수행에 있어서 벗은 도반(道伴)입니다. 도반이 편안할 수 있는 것은 선 수행을 통해서입니다.
㉠ p68 도반. ㉠ p70 선 수행.

念●定●總持●辯才●不斷. (1-56-6)
염●정●총지●변재●부단.

염[念] 정[定] 총지[總持]로 변재[辯才]에 막힘[斷]이 없다[不].

- **念염** ㉠p77 정념.
- **定정** ㉠p77 선정.

- **總持총지**

다라니(陀羅尼)라 음역합니다. 한량없는 뜻을 포함하여 잃어지지 않게 하는 것을 뜻합니다. 또한 선법(善法)을 잃지 않고, 악법(惡法)을 일어나지 않게 하는 것을 뜻합니다.

- **辯才변재** ㉠p78 변재.

布施●持戒●忍辱●精進●禪定●智慧●及●方便力●無不●具足. (1-56-7)
보시●지계●인욕●정진●선정●지혜●급●방편력●무불●구족.

보시[布施], 지계[持戒], 인욕[忍辱], 정진[精進], 선정[禪定], 지혜[智慧]와[及] 방편력[方便力]이 구족[具足]되지 않음[不]이 없다[無].

不起 法忍, (1-56-8)
불기 법인,

법인[法忍]을 일으키지[起] 않고[不],

其 見聞者 無不 蒙益, (1-57-7)
기 견문자 무불 몽익,

그것[其]을 보고[見] 들은[聞] 자[者]가 이익[益]을 입지[蒙] 않음[不]이 없다[無].

諸 有所作 亦不 唐捐, (1-57-8)
제 유소작 역불 당연,

모든[諸] 지은[作] 바[所] 있음이[有] 또한[亦] 헛되지[唐捐] 않다[不].

目 不 暫 捨. (2-93-10)
목 불 잠 사.

눈[目]이 잠시도[暫] 떠나지[捨] 않다[不].

說法 不有 亦 不無, (2-94-9)
설법 불유 역 불무,

설법[說法]은 있는 것[有]도 아니고[不] 또한[亦] 없는 것[無]도 아니며[不],

善惡 之 業 亦 不亡, (2-94-10)
선악 지 업 역 불망,

선악[善惡]의[之] 업[業]이 또한[亦] 없지[亡] 않으며[不],

- **善惡선악** ㉠p103 선악.
- **業업** ㉠p103 업연. ㉠p102 인연. ㉠p105 법연.

日月豈不淨耶? 而盲者不見. (4-130-4)
일월 기 부정 야? 이 맹자 불견.

해[日]와 달[月]이 어찌[豈] 깨끗하지[淨] 않[不]겠는가[耶]? 단지[而] 맹인[盲者]이 (그 깨끗함을) 보지[見] 못할[不] 뿐이다.

※ 豈~耶: 어찌 ~하겠는가?
※ 而~: 단지 ~할 뿐이다. 앞 문장과 상반되는 내용으로 해석할 때 而는 역접으로 사용됩니다.

不也, 世尊! (4-130-5)
불야, 세존!

그렇지 않습니다[不也], 세존[世尊]이시여!

※ 여기에서 "그렇지 않다"는 것은 세존의 말씀이 잘못되었다고 부정하는 것이 아니라 세존의 말씀이 옳다고 긍정하는 표현입니다.

本所不見, 本所不聞, (4-131-8)
본 소 불견, 본 소 불문,

본래[本] 보지[見] 못했던[不] 바이며[所] 본래[本] 듣지[聞] 못했던[不] 바입니다[所].

八千比丘不受諸法, 漏盡意解. (4-132-3)
팔천 비구 불수 제법, 루진의해.

팔천[八千] (명)의 스님[比丘]들은 모든[諸] 법[法]에 장애 받지[受] 않는[不] 누진[漏盡]의 대의[大意]를 체득했다[解].

孰. 聞. 人寶. 不. 敬承, (2-95-4)
숙. 문. 인보. 불. 경승,

누가[孰] 인류[人]의 보배[寶]이신 (부처님의 가르침을) 듣고[聞] 공경하여[敬] 계승하는[承] (수행심을 일으키지) 않[不]겠는가!

※ 孰: 누가 ~하겠는가!

不著. 世間. 如. 蓮華, (2-96-8)
불착. 세간. 여. 연화,

세간[世間]에 집착[著]하지 않음이[不] 연꽃[蓮華]과 같아서[如],

淨心. 觀佛. 靡不欣.
정심. 관불. 미불흔.

청정한[淨] 마음[心]으로 부처님[佛]을 관하면[觀] (누가 그) 위엄함[靡]을 좋아하지[欣] 않겠는가[不]!

斯. 則. 神力. 不共法,
사. 즉. 신력. 불공법,

이것은[斯] 곧[則] 불공법[不共法]의 신력[神力]이십니다.

不嫉. 不恚. 正見. 衆生. 來生. 其國.
부질. 불에. 정견. 중생. 래생. 기국.

질투[嫉]하지 않고[不] 성내지[恚] 않는[不] 바른[正] 견해[見]의 중생[衆生]이 와서[來] 그[其] 국토[國]에 태어난다[生].

3. 是시

如是.我聞. (1-56-1)
여시.아문.
이와[是] 같이[如] 제가[我] 들었습니다[聞].

十力.哀.現.是.化變. (2-95-7)
십력.애.현.시.화변.
(중생을) 불쌍히 여겨[哀] 십력[十力]으로 화신[化身]의 모습[變]을 나타내 보이[現]십니다[是].

是.五百.長者子, (3-117-1)
시.오백.장자자,
오백[五百] (명)의 장재[長者]의 아들[子]들이,

舍利弗.承.佛.威神.作.是.念 (4-130-1)
사리불.승.불.위신.작.시.염
사리불 (존자)[舍利弗]가 부처님[佛]의 위신력[威神]을 받아[承] 이러한[是] 생각[念]을 하게 됩니다[作].

意.豈.不淨.而是.佛土.不淨.若此? (4-130-2)
의.기.부정.이시.불토.부정.약차?
마음[意]이 어찌[豈] 깨끗하지[淨] 않았[不]겠는가? 그런데[而] 이[是] 불국토[佛土]가 이와[此] 같이[若] 깨끗하지[淨] 못[不]할까?

是・盲者・過. (4-130-5)
시・맹자・과.

맹인[盲者]의 허물[過]이다[是].

汝・且・觀・是・佛土・嚴淨? (4-131-7)
여・차・관・시・불토・엄정?

그대[汝]는 또한[且] 이[是] 불토[佛土]의 장엄[嚴]하고 청정[淨]함을 보는가[觀]?

示・是・衆惡・不淨土・耳. (4-131-11)
시・시・중악・부정토・이.

이러한[是] 여러 가지[衆] 악[惡]의 깨끗하지[淨] 못한[不] 국토[土]를 보일[示] 뿐이다[耳].

4. 皆개

無量．功德．皆．成就． (1-57-7)
무량．공덕．개．성취．

무량한[無量] 공덕[功德]을 모두[皆] 성취했다[成就].

無量．佛土．皆．嚴淨． (1-57-7)
무량．불토．개．엄정．

무량한[無量] 불국토[佛國土]가 모두[皆] 장엄하고[嚴] 청정하다[淨].

如是．一切．功德．皆悉．具足． (1-57-8)
여시．일체．공덕．개실．구족．

이와[是] 같은[如] 일체[一切] 공덕[功德]이 모두[皆] 잘[悉] 구족되어 있다[具足].

皆．謂．世尊．同．其語． (2-95-12)
개．위．세존．동．기어．

모두가[皆] 말하기를[謂]: 세존[世尊]께서 한 가지로[同] 그러한[其] 말씀[語]을 하신다고 하니,

皆．爲．饒益．諸．衆生．故． (3-117-11)
개．위．요익．제．중생．고．

모두가[皆] 모든[諸] 중생[衆生]을 이익[饒益]되게 하기 위한[爲] 까닭이다[故].

而．皆．自見．坐．寶蓮華． (4-131-6)
이．개．자견．좌．보련화．

그리고[而] 모두가[皆] 자신들이[自] 보배스러운[寶] 연꽃[蓮華]에 앉아 있음[坐]을 본다[見].

寶積. 所將. 五百. 長者子. **皆**. 得. 無生法忍, (4-131-13)
보적. 소장. 오백. 장자자. 개. 득. 무생법인.

보적[寶積]과 함께[將] 온[所] 오백[五百] (명)의 장자[長者]의 아들[子]들이 모두[皆] 무생법인[無生法忍]을 얻었다[得].

八萬四千. 人. **皆**. 發. 阿耨多羅三藐三菩提心.
팔만사천. 인. 개. 발. 아뇩다라삼먁삼보리심.

팔만[八萬] 사천[四千] 인[人]이 모두[皆] 아뇩다라삼먁삼보리심[阿耨多羅三藐三菩提心]을 발했다[發].

5. 爲위

爲。護法城。受持。正法. (1-56-4)
위。호법성。수지。정법.

법[法]을 보호하는[護] 성곽[城]이 되어[爲] 정법[正法]을 받아[受] 지키고[持],

● **護法城호법성**
호법성은 "법성을 보호하다"의 뜻으로 부처님의 가르침이 중생을 이롭게 할 수 있도록 외부의 방해를 막는 역할을 보살이 함께 한다는 의미입니다. 즉 법을 설하는 인도자이면서 동시에 마치 품안에 아이를 보살피는 엄마처럼 그 법으로 수행하는 중생이 외부로부터 방해받지 않도록 보살피는 역할을 함께 한다는 의미가 내포되어 있습니다.

● **正法정법** ㉠ p66 정법

恭敬。圍遶。而。爲。說法. (1-58-10)
공경。위요。이。위。설법.

둘러 쌓여[圍遶] 공경 받[恭敬]으면서[而] 설법[說法]하신다[爲].

● **恭敬공경**
스스로의 몸을 바르게 하는 것을 공(恭)이라 하고, 남을 존중하는 것을 경(敬)이라 표현합니다.

天人。得道。此。爲。證. (2-94-14)
천인。득도。차。위。증,

천인[天人]이 득도[得道]하면 이것으로[此] 증명[證]을 삼는다[爲].

● **得道**득도

대도(大道)를 깨달은 것으로 개오(開悟)를 뜻합니다.

當．爲．汝．說 (3-117-5)
당．위．여．설.

마땅히[當] 그대들을[汝] 위해[爲] 설하리라[說].

菩薩．如是．爲．成就．衆生．故, (3-118-2)
보살．여시．위．성취．중생．고

보살[菩薩]은 이와[是] 같이[如] 중생[衆生]을 성취하게[成就] 돕는[爲] 까닭으로[故],

我．世尊．本爲．菩薩．時, (4-130-2)
아．세존．본위．보살．시,

우리[我]의 세존[世尊]께서 본래[本] 보살[菩薩]로 계실[爲] 때[時],

我．佛國土．常淨．若此．爲．欲．度．斯．下劣人．故 (4-131-10)
아．불국토．상정．약차．위．욕．도．사．하열인．고,

나[我]의 불국토[佛國土]가 이와[此] 같이[若] 항상[常] 청정한데[淨] 이러한[斯] 하열인[下劣人]을 제도[度]하기[欲] 위한[爲] 까닭으로[故],

爲．大醫王．善療．衆病, (1-57-6)
위．대의왕．선료．중병,

대의왕[大醫王]이 되어[爲] 중생[衆]의 질병[病]을 잘[善] 치료하며[療],

● **大醫王**대의왕

부처님을 뜻합니다. 어진 의사가 병에 따라 약을 주어 병자를 낫게 하듯이, 부처님이 중생의 근기에 따라 거기에 알맞은 교법을 말하여, 그 고통을 없애고 편안하게 하므로 대의왕이라 칭합니다.

6. 所소

衆所.知識. (1-56-3)
중소.지식,
모든 대중[衆]이 알고 있는[知識] 바처럼[所].

諸佛.威神.之所.建立. (1-56-4)
제불.위신.지소.건립,
제불[諸佛]의 위신력[威神]을 받아[之] 도량[所]을 건립하여[建立],

其所.講說.乃如.雷震. (1-57-2)
기소.강설.내여.뇌진.
그[其] 강설[講說]하는 바가[所] 이내[乃] 천둥번개[雷震]와 같다[如].

● **講說**강설 ㉠ p84 강설.

諸.天.龍.神.所居.宮, (2-95-6)
제.천.용.신.소거.궁,
모든[諸] 천용[天龍]의 신[神]이 거주[居]하는[所] 궁전[宮]과

悉見.世間.諸.所有. (2-95-7)
실견.세간.제.소유,
세간[世間]의 모든[諸] 있는[有] 바를[所] 잘[悉] 보아서[見],

大聖.法王.衆.所.歸. (2-95-9)
대성.법왕.중.소.귀,

중생[衆生]의 귀의할[歸] 곳인[所] 대성[大聖]이고 법왕[法王]이시니,

● **大聖**대성

석가모니 부처님을 뜻합니다. 대성은 성인 중에서도 성인이라는 뜻입니다.

衆生. 各各. 隨. 所. 解.　(2-95-13)
중생. 각각. 수. 소. 해.
중생[衆生]들이 각각[各各] (자신의) 소견[所]을 따라[隨] 이해한다[解].

稽首. 如空. 無所依.　(2-96-9)
계수. 여공. 무소의.
공[空]과 같아[如] 의탁할[依] 바[所] 없는[無] (거룩하신 부처님께) 경배 드립니다[稽首].

隨所. 調伏. 衆生. 而. 取. 佛土 ;　(3-117-8)
수소. 조복. 중생. 이. 취. 불토 ;
중생[衆生]을 조복[調伏]하는 바[所]에 따라[隨]서[而] 불국토[佛土]를 취하며[取],

逮. 無所得,
체. 무소득,
얻을[得] 바[所] 없는[無] (경지)에 도달하여[逮],

持. 七寶蓋. 來詣. 佛所, 頭面. 禮足,
지. 칠보개. 래예. 불소, 두면. 예족,
일곱 가지[七] 보배[寶]로 만든 개[蓋]를 가지고[持] 부처님[佛] 계신 곳[所]에 와[來] 이르러[詣] 머리[頭]와 얼굴[面]을 (부처님) 발[足]에 (닿게) 절하고[禮],

7. 與여

應病. **與**藥. 令得. 服行. (1-57-6)
응병. 여약. 영득. 복행.

병[病]에 맞게[應] 약[藥]을 처방하여[與] (환자: 중생이) 복용하여[服] 회복[行]을 얻게[得] 한다[令].

與. 大比丘. 衆. 八千人. 俱. (1-56-2)
여. 대비구. 중. 팔천인. 구.

큰스님[大比丘]들[衆] 팔천[八千] 분[人]과[與] 함께 계셨다[俱].

與. 五百. 長者子. 俱, (2-93-1)
여. 오백. 장자자. 구,

오백[五百] (명)의 장재[長者]의 아들[子]들과[與] 함께[俱],

佛. **與**. 無量. 百千. 之. 衆, (1-58-10)
불. 여. 무량. 백천. 지. 중,

부처님[佛]께서 수 없이 많은[無量] 백천[百千]의[之] 대중[衆]으로부터[與],

8. 在재

佛．在．毗耶離．菴羅樹園, (1-56-2)
불．재．비야리．암라수원,

부처님[佛]께서 비야리성[毗耶離]의 암라수원[菴羅樹園]에서[在],

亦．從餘．四天下．來在．會坐, (1-58-7)
역．종여．사천하．래재．회좌,

또한[亦] 그 밖에[餘] 사천하[四天下]로부터[從] 와서[來] 회좌[會坐]했다[在].

※ 사천하: 삼천대천세계 참고.

各．見．世尊．在．其前, (2-95-10)
각．견．세존．재．기전,

각자[各] 세존[世尊]께서 자신들의[其] 앞에[前] 있는[在] 것을 보니[見],

9. 於어

名稱．高遠．踰於．須彌． (1-56-10)
명칭．고원．유어．수미．

명성[名]이 (저) 높고[高] 먼[遠] 수미산[須彌]의 너머에까지[踰於] 알려져서[稱],

於衆．言音．微妙．第一． (1-57-1)
어중．언음．미묘．제일．

모든[衆] 언어[言]의 음성[音]에서[於] 미묘[微妙]하기가 제일이며[第一],

蔽於．一切．諸．來．大衆． (1-58-11)
폐어．일체．제．래．대중．

일체의[一切] 와 있는[來] 모든[諸] 대중[大衆] 속에[於] 가리었다[蔽].

卽．於．佛前．以．偈頌．曰 : (2-94-1)
즉．어．불전．이．게송．왈 :

곧바로[卽] 부처님[佛] 앞[前]에서[於] 게송[偈頌]으로서[以] 아뢰기를[曰]:

於．第一義．而．不動 (2-94-7)
어．제일의．이．부동，

제일의[第一義]에서[於] 여여(如如)하여[而] 부동하시며[不動],

- **第一義**제일의
- **不動**부동　㉠p102 부동 본래면목.

三轉．法輪．於．大千, (2-94-13)
삼전．법륜．어．대천,

삼천대천세계[大千]에서 세 번[三] 법륜[法輪]을 굴리시니[轉],

● 三轉法輪삼전법륜

부처님께서 세 번 사제(四諦)의 교법(敎法)을 설하신 것을 뜻합니다.

첫 번째 설하신 것을 시전(示轉)이라 하고, 두 번째 설하신 것을 권전(勸轉)이라 하며, 세 번째 설하신 것을 증전(證轉)이라 칭합니다.

- 시전(示轉): 이것은 고(苦), 이것은 집(集), 이것은 멸(滅), 이것은 도(道)라고 그 모양을 보인 것입니다.
- 권전(勸轉): 고(苦)를 알라, 집(集)을 끊으라, 멸(滅)을 증득하라, 도(道)를 닦으라고 권한 것입니다.
- 증전(證轉): 부처님께서 스스로 고를 알아 집을 끊고, 멸을 증득하려고 도를 닦은 것을 보여 다른 이들로 하여금 불도(佛道)를 증득케 하는 것입니다.

● **大千**대천   ㉠p101 삼천대천세계.
대천(大千): 삼천대천세계(三千大千世界)

三寶．於是．現．世間, (2-94-14)
삼보．어시．현．세간,

삼보[三寶]의 모습으로[於是] 세간[世間]에 나타내시어[現],

於．善不善．等以慈. (2-95-3)
어．선불선．등이자.

(모든) 선[善]과 불선[不善]에서 자비[慈]로서[以] 평등하시니[等],

於.中.現.我.三千界. (2-95-5)
어.중.현.아.삼천계.

(그) 가운데[中]에서[於] 우리[我]가 (있는) 삼천대천세계[三千界]가 나타냈다[現].

稽首.住.**於**.不共法, (2-96-4)
계수.주.어.불공법,

불공법[不共法]에서[於] 주하시는[住] (부처님께) 경배 드립니다[稽首].

善.**於**.諸法.得.解脫. (2-96-7)
선.어.제법.득.해탈.

(중생이) 모든[諸] 법[法]에 잘[善] (상응하여) 해탈[解脫]을 얻게[得] 하십니다.

常.善.入.**於**.空寂.行, (2-96-8)
상.선.입.어.공적.행,

항상[常] 공적[空寂]의 행[行]에[於] 잘[善] 노닐어[入],

菩薩.取.**於**.淨國, (3-117-11)
보살.취.어.정국,

보살[菩薩]이 청정한[淨] 국토[國]를 취하는 것은[取於]

● 淨國정국 ㉠ p64 정토.

譬如.有人.欲.**於**.空地.造立.宮室, 隨意.無礙, 若.**於**.虛空, (3-118-1)
비여.유인.욕.어.공지.조립.궁실, 수의.무애, 약.어.허공,

비유컨대[譬如] 어떤[有] 사람[人]이 빈[空] 땅[地]에[於] 궁실[宮室]을 건립[造立]하고자 하면[欲] 뜻[意]에 따라[隨] 걸림[礙] 없이[無] (지을 수 있다. 그런데) 만약[若] 허공[虛空]에서

[於],

於意．云何,
어의．운하,

(그러한) **뜻**[意]에 있어서[於] 어떻게[何] 생각하는가[云]?

10. 已이

悉已․淸淨․永離․蓋纏. (1-56-6)
실이․청정․영리․개전

이미[已] 잘[悉] 청정해서[淸淨] 영원히[永] 개전[蓋纏]을 떠났으며[離].

無․有量, 已․過量, (1-56-6)
무․유량, 이․과량,

유량[有量]도 없고[無] 과량[過量]도 없으며[已],

• 有量유량
한량이 있다는 뜻으로 세계의 사물에 한정이 있음을 뜻합니다.

心淨․已度․諸․禪定, (2-94-2)
심정․이도․제․선정,

마음[心]이 청정[淸淨]하여 이미[已] 모든[諸] 선정[禪定]을 초월했고[度],

已․無․心意․無․受行, (2-94-12)
이․무․심의․무․수행,

이미[已] 심의[心意]도 없고[無] 수행[受行]도 없으며[無],

稽首․已․得․無所畏. (2-96-3)
계수․이․득․무소외.

이미[已] 무소외[無所畏]를 얻은[得] (부처님께) 경배 드립니다[稽首].

稽首. 已. 到. 於. 彼岸. (2-96-5)
계수. 이. 도. 어. 피안.

이미[已] 피안[彼岸]에[於] 도달한[到] (부처님께) 경배 드립니다[稽首].

長者子. 寶積. 說. 此偈. 已, (3-117-1)
장자자. 보적. 설. 차게. 이,

장자[長者]의 아들 보적[寶積]이 이[此] 게송[偈]의 설[說]을 마치고[已],

皆. 已. 發. 阿耨多羅. 三藐三菩提心,
개. 이. 발. 아뇩다라. 삼먁삼보리심,

모두[皆] 이미[已] 아뇩다라삼먁삼보리심[阿耨多羅三藐三菩提心]을 발했다[發].

11. 常상

心.常.安住.無閡.解脫. (1-56-6)
심. 상. 안주. 무애. 해탈.

마음[心]이 항상[常] 무애[無礙]의 해탈[解脫]에 안주하고[安住],

常.以.法財.施.一切. (2-94-6)
상. 이. 법재. 시. 일체.

항상[常] 법재[法財]로서[以] 일체[一切] (중생)에게 베풀고[施],

其.輪.本來.常.清淨. (2-94-13)
기. 륜. 본래. 상. 청정.

그[其] 법륜[法輪]은 본래[本來] 항상[常] 청정해서[清淨],

一受.不退.常.寂然. (2-95-1)
일수. 불퇴. 상. 적연.

한 번[一] 받으면[受] (다시는) 물러서지[退] 않아[不] 항상[常] 적연하다[寂然].

● 不退불퇴

불퇴전(不退轉)이라고도 표현합니다.

한번 도달한 수행의 계단으로부터 더 이상 뒤로 물러나지 않는 것을 뜻합니다.

12. 得득

蓋․諸․大衆․得․無所畏, (1-56-9)
개․제․대중․득․무소외,

네 가지 무소외[無所畏]를 얻어[得] 모든[諸] 대중[大衆]을 보호하며[蓋],

得․甘露滅․覺道․成. (2-94-11)
득․감로멸․각도․성.

감로[甘露]의 적멸[寂滅]을 얻어[得] 각도[覺道]를 성취했다[成].

願․聞․得․佛國土․清淨, (3-117-2)
원․문․득․불국토․청정,

불국토[佛國土]의 청정[清淨]을 얻는[得] 것에 대해 듣기를[聞] 원하다[願].

若․菩薩․欲得․淨土, (3-119-14)
약․보살․욕득․정토,

만약[若] 보살[菩薩]이 정토[淨土]를 얻고자[得] 하면[欲],

得․法眼淨. (4-132-3)
득․법안정.

법안[法眼]의 청정[清淨]을 얻다[得].

● 法眼법안
일체 법을 분명하게 비춰 보아 아는 안목으로 오안(五眼) 중의 하나입니다.

則․得․深心 ; (3-119-8)
즉․득․심심 ;

곧[則] 심심[深心]을 얻고[得],

※ 深心심심은 〈보살정토〉에서 설명.

普得․受行․獲․其利,
보득․수행․획․기리,

널리[普] 수행[受行]을 증득[證得]하여 그[其] 이익[利]을 얻으며[獲],

13. 以이

功德. 智慧. 以修. 其心. (1-56-9)
공덕. 지혜. 이수. 기심.

공덕[功德]과 지혜[智慧]로 그[其] 마음[心]을 닦고[修],

而生. 五道. 以現. 其身. (1-57-5)
이생. 오도. 이현. 기신.

그[其] 몸[身]을 나타냄[現]으로서[以] 오도[五道]에서 태어난다[生].

● <u>오도五道</u>
5취(趣)로 칭하며, 도(道)는 중생이 업인(業因)에 따라 왕래하는 곳으로 지옥·아귀·축생·인도·천도의 다섯 곳을 뜻합니다.

各以. 其. 蓋. 共. 供養. 佛. (2-93-2)
각이. 기. 개. 공. 공양. 불.

각기[各] 그[其] 보개[蓋]로서 다함께[共] 부처님[佛]께 공양드리다[供養].

導衆. 以寂. 故. 稽首. (2-94-3)
도중. 이적. 고. 계수.

(부처님께서) 적정[寂]으로서[以] 중생[衆]을 인도하시는[導] 까닭에[故] 경배드립니다[稽首].

既. 見. 大聖. 以. 神變 (2-94-4)
기. 견. 대성. 이. 신변,

(우리가) 이미[旣] 보았습니다[見], 대성[大聖]께서 신통변화[神變]로서[以] (드러내신 삼천 대천세계를),

以．斯．妙法．濟．羣生， (2-95-1)
이．사．묘법．제．군생，

이러한[斯] 묘법[妙法]으로서[以] 군생[群生]을 제도하시며[濟],

佛．以．足指．按地． (4-131-4)
불．이．족지．안지，

부처님[佛]께서 발가락[足指]으로 땅[地]을 누르니[按],

以．因緣．故．諸．法生． (2-94-9)
이．인연．고．제．법생．

인연[因緣]으로[以] 인해[故] 모든[諸] 법[法]이 생겨나다[生].

● **因緣**인연　㉠p102 인연. ㉡p103 업연. ㉢p105 법연.

佛．以．一音．演．說法， (2-95-11)
불．이．일음．연．설법，

부처님[佛]께서 일음[一音]으로서[以] 설법[說法] 하시는데[演],

隨．諸．衆生．應．以．何國．入．佛智慧．而．取．佛土； (3-117-9)
수．제．중생．응．이．하국．입．불지혜．이．취．불토；

모든[諸] 중생[衆生]이 어느[何] 국토[國]에[以] 상응[相應]하는가를 따라[隨] 부처님[佛]의 지혜[智慧]에 들어가[入]서[而] 불국토[佛土]를 취하며[取],

隨 諸 衆生 應 以 何國 起 菩薩根 而 取 佛土. (3-117-10)
수 제 중생 응 이 하국 기 보살근 이 취 불토.

모든[諸] 중생[衆生]이 어느[何] 국토[國]에 상응[相應]하는 가를 따라[隨] 보살근[菩薩根]을 일으켜[起]서[而] 불국토[佛土]를 취하며[取],

14. 諸제

降伏●魔怨●制●諸●外道 (1-56-5)
항복●마원●제●제●외도,

마구니[魔怨]를 항복시키고[降伏] 모든[諸] 외도[外道]를 제압하며[制],

- **魔怨**마원 ㉠p74 마구니와 외도. ㉠p74 마구니.
- **外道**외도 ㉠p74 마구니와 외도. ㉠p74 외도.

捨●諸●世間●所有●飾好, (1-56-10)
사●제●세간●소유●식호,

세간[世間]에서 소유하는[所有] 모든[諸] 장식[飾好]을 버리고[捨],

深入●緣起●斷●諸●邪見 (1-57-1)
심입●연기●단●제●사견

연기법[緣起]에 깊이[深] 들어가[入] 모든[諸] 사견[邪見]을 끊고[斷],

- **연기**緣起 ㉠p82 연기.
- **사견**邪見 ㉠p83 사견.

關閉●一切●諸●惡趣門, (1-57-5)
관폐●일체●제●악취문,

일체[一切]의 모든[諸] 악취[惡趣]의 문[門]을 닫아 막고[關閉],

諸比丘比丘尼, 優婆塞優婆夷, (1-58-9)
제 비구 비구니, 우바새 우바이,

모든[諸] 스님들[比丘·比丘尼]과 신도님들[優婆塞·優婆夷]이,

● 比丘비구

비구(比丘): 남자가 출가하여 걸식으로 생활하는 승려로 250계를 받아 지니는 선지식을 뜻합니다. 비구는 항상 위로 법을 빌어 지혜의 목숨을 돕고, 아래로 밥을 빌어 몸을 기릅니다.

● 比丘尼비구니

비구니(比丘尼): 여자로서 출가하여 348계를 받아 지니는 선지식을 뜻합니다. 여자는 남자에 비해 업장이 더 두터우므로 비구보다 지켜야 할 계율이 더 많다고 합니다. 부처님의 이모인 대애도(大愛道)가 부처님의 허락을 얻어 스님이 된 것이 비구니의 시초입니다.

● 優婆塞우바새

우바새(優婆塞): 청신사(淸信士)라 번역합니다. 속가(俗家)에 있으면서 부처님을 믿는 남성을 뜻합니다.

● 優婆夷우바이

우바이(優婆夷): 청신녀(淸信女)라 번역합니다. 속가에 있으면서 불교를 믿는 여성을 뜻합니다.

諸尊神宮, (2-93-7)
제 존 신궁,

모든[諸] 존귀한[尊] 신궁[神宮]과,

又 十方 諸佛, (2-93-8)
우 시방 제불,

또한[又] 시방세계[十方]의 모든[諸] 부처님[佛]이,

達 諸 法相 無罣礙, (2-96-9)
달 제 법상 무가애,

모든[諸] 법상[法相]을 통달하여[達] 걸림[罣礙]이 없고[無],

● 無罣礙무가애   ㉠ p76 무애.

亦 從餘 四天下, 幷餘 大威力 諸 天龍神, 夜叉 乾闥婆, 阿修羅 迦樓羅, 緊那羅 摩睺羅伽 等.
역 종여 사천하, 병여 대위력 제 천룡신, 야차 건달바, 아수라 가루라, 간나라 마후라가 등.

또한[亦] 그 밖에[餘] 사천하[四天下]의, 아울러[幷] 그밖에[餘] 큰[大] 힘[威力]을 (지닌) 모든[諸] 천신[天]과 용신[龍], 야차[夜叉], 건달바[乾闥婆], 아수라[阿修羅], 가루라[迦樓羅], 간나라[緊那羅], 마후라가[摩睺羅伽] 등[等] (천룡팔부)도

其中 諸佛 演 說法,
기중 제불 연 설법,

모든[諸] 부처님[佛]께서 설법[說法]하시는[演] (모습이) 그[其] 속에서[中]

而 悉 摧伏 諸 外道,
이 실 최복 제 외도,

그래서[而] 모든[諸] 외도[外道]를 잘[悉] 조복하시고[摧伏],

15. 有유 無무

有無.二邊.無復.餘習, (1-57-2)
 유무.이변.무부.여습,

다시는[復] 있다[有] 없다[無]의 이변[二邊]의 남은[餘] 습[習]이 없고[無],

● **有無**유무 ㉠p102 유무.

● **二邊**이변
중도(中道)를 상실한 양극단을 뜻합니다.
이것을 주관적으로 단견(斷見)과 상견(常見)이라 표현합니다.

復有.萬二千.天帝, (1-58-7)
 부유.만이천.천제,

다시[復] 만[萬] 이천[二千] (명)의 천제[天帝]가,

毗耶離城.有.長者子, (2-93-1)
 비야리성.유.장자자,

비야리성[毗耶離城]에 장자[長者]의 아들[子]이 있는데[有],

飯色.有異. (4-131-11)
 반색.유이.

밥[飯]의 색깔[色]에 다름[異]이 있다[有].

近․無等等․十力․無畏․十八․不共,
근․무등등․십력․무외․십팔․불공,

무등등[無等等]의 십력[十力], 사무외[無畏], 십팔불공법[十八不共]에 가까운[近]

久積․淨業․稱․無量,
구적․정업․칭․무량,

오래도록[久] 쌓아온[積] 청정한[淨] 선업[業]으로 한량없는[無量] (중생을) 인도하시니[稱],

普現․十方․無量․土,
보현․시방․무량․토,

널리[普] 시방[十方]의 무량한[無量] 국토[土]에 나타내시어[現],

無我․無造․無受․者,
무아․무조․무수․자,

'나'라는 것[我]도 없고[無], 하는 것[造]도 없으며[無], 받는 것[受]도 없음[無]이여[者],

度․老病死․大醫王, 當禮․法海․德․無邊,
도․노병사․대의왕, 당례․법해․덕․무변,

늙고[老] 병들고[病] 죽는[死] (생사의 중생을) 구제하시는[度] 대의왕[大醫王]이시고, 법해[法海]의 공덕[功德]이 끝없으신[無邊] (부처님께) 당연히[當] 예를 올립니다[禮].

歎․未曾有, 合掌․禮佛, 瞻仰․尊顔,
탄․미증유, 합장․예불, 첨앙․존안,

(대중들이) 미증유[未曾有]를 찬탄하며[歎] 합장하고[合掌] 부처님[佛]께 예를 올리고[禮] 거룩하신 부처님의 얼굴[尊顔]을 우러러 본다[瞻仰].

16. 而 이

法寶. 普照. 而雨. 甘露. (1-57-1)
법보. 보조. 이우. 감로.

감로[甘露]의 비 내리[우]듯[而] 법보[法寶]를 널리[普] 홍양하며[照],

從餘. 四天下. 來詣. 佛所. 而. 聽法. (1-58-6)
종여. 사천하. 래예. 불소. 이. 청법.

그 밖에[餘] 사천하[四天下]로부터[從] 와서[來] 부처님[佛]의 숙소[所]에 들어와서[詣] 법[法]을 듣는다[聽].

寶積. 及. 五百. 長者子. 受教. 而. 聽. (3-117-6)
보적. 급. 오백. 장자자. 수교. 이. 청.

보적[寶積]과 오백[五百] (명)의 장자[長者]의 아들[子]들이 가르침[教]을 받고[受]자[而] (귀 기울여) 듣는다[聽].

舍利弗! 我. 此土. 淨. 而. 汝. 不見.」
사리불! 아. 차토. 정. 이. 여. 불견.

사리불[舍利弗]이여! 나[我]의 이[此] 국토[土]가 청정한데[淨] 그대[汝]는 보지[見] 못하는구나[不].

17. 若약

深信●**堅固**●**猶若**●**金剛**, (1-56-10)
심신●견고●유약●금강,

깊은[深] 믿음[信]으로 견고하기가[堅固] 오히려[猶] 금강[金剛]과 같아서[若]

若●**菩薩**●**心淨**●**則**●**佛土**●**淨**●**者**, (4-130-1)
약●보살●심정●즉●불토●정●자,

만약[若] 보살[菩薩]이 마음[心]이 청정하면[淨] 곧[則] 불국토[佛土]가 청정하다[淨]는 것은[者],

若人●**心淨**, (4-131-12)
약인●심정,

만약[若] 사람[人]이 마음[心]이 청정하면[淨]

18. 之지

了達 諸法 深妙 之 義, (1-57-3)
요달 제법 심묘 지 의,

모든[諸] 법[法]의 깊고[深] 미묘[妙]한[之] 이치[義]를 요달하고[了達],

佛 之 威神, (2-93-3)
불 지 위신,

부처님[佛]의[之] 위신력으로[威神]

諦聽 諦聽! 善 思念 之, (3-117-5)
제청 제청! 선 사염 지,

자세히[諦] 듣고[聽] 자세히[諦] 들어라[聽]! (그래서 들은 바) 그것을[之] 잘[善] 생각하고[思] 생각해서[念],

卽 告 之 言 : (4-130-3)
즉 고 지 언 :

곧바로[卽] 그에게[之] 고하여[告] 말씀하시기를[言]:

19. 如여

目淨．修廣．如．青蓮． (2-94-2)
목정．수광．여．청련

(부처님의) 맑은[淨] 눈[目]이 크고 길어[修廣] 푸른[青] 연꽃[蓮]과 같고[如],

毀譽．不動．如．須彌． (2-95-3)
훼예．부동．여．수미,

비방과[毀] 칭찬에[譽] 부동하심이[不動] 수미산[須彌]과 같으며[如],

心行．平等．如．虛空． (2-95-4)
심행．평등．여．허공,

심행[心行]이 평등함이[平等] 허공[虛空]과 같아[如],

● **心行**심행
심의(心意)의 작용을 뜻합니다.

● **平等**평등   ㉠ p85 평등.

佛．攝．神足, 於是．世界．還復．如．故． (4-132-1)
불．섭．신족, 어시．세계．환복．여．고,

부처님[佛]께서 신족[神足]을 거두시자[攝] 세계[世界]가 원래대로[如] 다시[復] 돌아온[還] 까닭에[故],

20. 知지

善解．法相．**知**．衆生根,　(1-56-8)
선해．법상．지．중생근,

법상[法相]**에 밝아**[善解] **중생**[衆生]**의 근기**[根]**를 알며**[知],

佛．**知**．其念,　(4-130-3)
불．지．기념,

부처님[佛]**께서 그의**[其] **생각**[念]**을 아시고**[知]

寶積！當**知**,　(3-118-3)
보적！당지,

보적[寶積]**이여, 마땅히**[當] **알라**[知]!

知．有爲法．皆悉．無常,　(4-132-2)
지．유위법．개실．무상,

유위법[有爲法]**이 모두 다**[皆悉] **무상함**[無常]**을 알고**[知]

● **無常**무상　㉠ p104 인생무상.

悉．**知**．衆生．來去．相,　(2-96-7)
실．지．중생．내거．상,

중생[衆生]**의 오고**[來] **가는**[去] **상**[相]**에 대해 잘**[悉] **알아서**[知],

21. 日왈 言언 語어 告고

其名●曰: (1-57-9)
기명●왈:

그들의[其] 이름[名]은 다음과 같다[曰]:

爾時, 名●曰●寶積 (2-93-1)
이시, 명●왈●보적,

이때[爾時] 보적[寶積]이라는[曰] 이름[名]의 (선지식이)

爾時, 白佛言:「世尊! (3-117-1)
이시, 백불언: 세존!

이때[爾時] 부처님[佛]께 아뢰어[白] 말씀드리기를[言]: 세존이시여[世尊]!

佛言:「善哉, 寶積! (3-117-4)
불언: 선재, 보적!

부처님[佛]께서 말씀하시기를[言]: 착하도다[善哉] 보적이여[寶積]!

對曰:「不也. 世尊! (4-130-5)
대왈: 불야. 세존!

대답하여[對] 아뢰기를[曰]: 그렇지 않습니다[不也], 세존이시여[世尊]!

螺髻梵王●語●舍利弗: (4-130-8)
나계범왕●어●사리불:

나계범왕[螺髻梵王]이 사리불[舍利弗] (존자) 에게 말씀하기를[語]:

舍利弗 • 言：「唯然, 世尊！」 (4-131-8)
사리불 • 언：   유연 세존！

사리불[舍利弗]이 말씀드리기를[言]: 그렇습니다[唯然], 세존이시여[世尊]！

佛 • 語 • 舍利弗： (4-131-7)
불 • 어 • 사리불：

부처님[佛]께서 사리불[舍利弗] (존자)에게 말씀하시기를[語]:

佛 • 告 • 舍利弗： (4-131-10)
불 • 고 • 사리불：

부처님[佛]께서 사리불[舍利弗] (존자)에게 고하기를[告]:

22. 及급

大海. 江河, 川流. 泉源. 及. 日月. 星辰. 天宮. 龍宮.
대해. 강하, 천류. 천원. 급. 일월. 성신. 천궁. 용궁.

바다[大海], 강[江河], 개천[川流], 물줄기[泉源], 및[及] 해[日], 달[月], 별[星辰], 천궁[天宮], 용궁[龍宮],

乾闥婆. 等. 及. 夜叉,
건달바. 등. 급. 야차,

건달바[乾闥婆] 등[等] 및[及] 야차[夜叉]

求. 聲聞乘. 三萬二千. 諸天. 及. 人,
구. 성문승. 삼만이천. 제천. 급. 인,

성문승[聲聞乘]을 구하는[求] 삼만[三萬] 이천[二千]의 모든[諸] 천신[天]과 사람[人]이

23. 或혹

或.生.厭離.或.斷.疑.
혹.생.염리.혹.단.의,

혹은[或] 싫어해[厭] 떠나는[離] (생각을) 일으키고[生] 혹은[或] 의심[疑]을 끊으며[斷],

或.有.恐畏.或.歡喜. (2-96-1)
혹.유.공외.혹.환희.

혹은[或] 두려워하는[恐畏] (마음이) 생기고[有] 혹은[或] 기뻐하며[歡喜],

- **歡喜환희** ㉠p105 환희심.

24. 相상

相好﹒嚴身﹒色像﹒第一,
상호﹒엄신﹒색상﹒제일,

상호[相好]로 장엄된[嚴] 몸[身]은 색상[色像]에서 제일이며[第一],

善解﹒法相﹒知﹒衆生根, (1-56-8)
선해﹒법상﹒지﹒중생근,

법상[法相]에 밝아[善解] 중생[衆生]의 근기[根]를 알며[知]

悉﹒知﹒衆生﹒來去﹒相, (2-96-7)
실﹒지﹒중생﹒내거﹒상,

중생[衆生]이 오고[來] 가는[去] 상[相]에 대해 잘[悉] 알아서[知],

제 3장

비여譬如 공부

1. 거룩하신 모습이 마치 ~같다

彼時, 佛．與．無量．百千．之．衆, 恭敬．圍遶．而．爲．說法. **譬如**．須彌山王．顯．於．大海, 安處．衆寶．師子．之．座, 蔽於．一切．諸．來．大衆. (1-58-10)

피시, 불．여．무량．백천．지．중, 공경．위요．이．위．설법. 비여．수미산왕．현．어．대해, 안처．중보．사자．지．좌, 페어．일체．제．래．대중.

그때[彼時] 부처님[佛]께서 한량없이 많은[無量] 백천의[百千] 대중[衆]으로부터[與] 둘러 쌓여[圍遶] 공경 받으면서[恭敬] (그들을) 위해[爲] 법[法]을 설하시는[說] (그 거룩하신 모습이) 마치[譬如] 수미산왕[須彌山王]이 큰 바다[大海]에[於] 나타난[現] (것과 같이) 많은 보배로[衆寶] (꾸민) 사자지좌[師子之座]에 계시면서[安處] 일체의[一切] 모든[諸] 와 있는[來] 대중[大衆] 속에[於] 가리었다[蔽].

2. 마치 어떤 사람이 ~하는 것과 같다

菩薩 取 於 淨國, 皆 爲 饒益 諸 衆生 故. 譬如 有人 欲 於 空地 造立 宮室, 隨意 無礙. 若 於 虛空, 終 不能 成. 菩薩 如是 爲 成就 衆生 故, 願 取 佛國, 願 取 佛國 者, 非 於 空 也. (3-117-11)
보살 취 어 정국, 개 위 요익 제 중생 고. 비여 유인 욕 어 공지 조립 궁실, 수의 무애. 약 어 허공, 종 부능 성. 보살 여시 위 성취 중생 고, 원 취 불국, 원 취 불국 자, 비 어 공 야.

보살[菩薩]이 청정한[淨] 국토[國]를 취하는 것은[取於] 모두가[皆] 많은[諸] 중생[衆生]을 이롭게 하기[饒益] 위함에서이다[爲]. (이것은) 마치[譬如] 어떤[有] 사람이[人] 빈[空] 땅[地]에다[於] 궁실[宮室]을 건립[造立]하고자하면[欲] 뜻[意]에 따라[隨] 걸림[礙]이 없이[無] (지을 수 있다), (그런데) 만약[若] 허공[虛空]에다[於] (지으려한다면) 결코[終] 성공[成]할 수 없다[不能]. 보살[菩薩]도 이와[是] 같이[如] 중생[衆生]을 성취[成就]하기 위한[爲] 까닭에[故] 불국토[佛國] 취하기[取]를 원하며[願], (이처럼) 불국토[佛國] 취하기[取]를 원하는[願] 것은[者] 허공[空]에서[於] (집 짓는 것이) 아니니라[非][也].

3. ~하자 마치 ~과 같이 되었다

於是, 佛 以 足指 按地, 卽時 三千大千 世界, 若干 百千 珍寶 嚴飾, **譬如** 寶莊嚴佛 無量功德 寶莊嚴土, 一切 大衆 歎 未曾有, 而 皆 自見 坐 寶蓮華.
(4-131-4)

어시, 불 이 족지 안지, 즉시 삼천대천 세계, 약간 백천 진보 엄식, 비여 보장엄불 무량공덕 보장엄토, 일체 대중 탄 미증유, 이 개 자견 좌 보련화.

이때[於是] 부처님[佛]께서 발가락[足指]으로[以] 땅[地]을 누르자[按] 그 즉시[卽時] 삼천대천세계[三千大天世界]가 갖가지[若干] 수없이 많은[百千] 보석[寶]으로 장엄[嚴]되었는데[飾] (그 모습이) 마치[譬如] 보장엄불[寶莊嚴佛]이 한량없는[無量] 공덕[功德]으로 (그의) 국토[土]를 보석[寶]으로 장엄[嚴]한 (것과 같았다). 모든[一切] 대중[大衆]이 전에 없었던 모습[未曾有]에 감탄했는데[歎] 그뿐만 아니라[而] 모두가[皆] 자신들이[自] 보련화[寶蓮華]에 앉아있는[坐] 것을 보았다[見].

4. ~할 뿐이다. 이것은 마치 ~과 같은 이치다

佛 告 舍利弗：「我 佛國土 常淨 若此, 爲 欲 度 斯 下劣人 故, 示 是 衆惡 不淨土 耳. **譬如** 諸天 共 寶器 食, 隨 其 福德, 飯色 有異. (4-131-10)

불 고 사리불 : 아 불국토 상정 약차, 위 욕 도 사 하렬인 고, 시 시 중악 부정토 이. 비여 제천 공 보기 식, 수 기 복덕, 반색 유이.

부처님[佛]께서 사리불[舍利弗]에게 고하시기를[告]: 나[我]의 불국토[佛國土]는 항상[常] 청정하기가[淨] 이와[此] 같은데[若] 그러한[斯] 하열인[下劣人]을 제도[度]하기[欲] 위한[爲] 까닭에[故] 이러한[是] 많은[衆] 악惡]으로 깨끗하지[淨] 못한[不] 국토[土]를 드러내 보일[示] 뿐이다[耳]. 비유컨대[譬如] 모든[諸] 천신[天]이 같은[共] 보배[寶]의 그릇[器]으로 음식을 먹지만[食] 그[其] 복덕[福德]에 따라[隨] 밥[飯]의 색깔[色]에 차이[異]가 있는[有] 것과 같다.

• **下劣人**하열인
근기가 낮아 부처님의 가르침을 이해하지 못하는 사람.

5. ~하기가 마치 ~과 같다

我.見.釋迦牟尼佛土.清淨, 譬如.自在天宮. (4-130-9)
아.견.석가모니불토.청정, 비여.자재천궁.

내[我]가 보기엔[見] 석가모니 부처님[釋迦牟尼佛]의 (불국토가) 청정하기가[清淨] 마치[譬如] 자재천궁[自在天宮]과 같다.

제 4장

소이자하 所以者何 공부

1. ~은 ~이다. 왜냐하면 ~하기 때문이다

佛言:「寶積！衆生 之 類 是 菩薩 佛土. *所以者何?*
불언: 보적! 중생 지 류 시 보살 불토. 소이자하?

菩薩 隨所 化 衆生 而 取 佛土; 隨所 調伏 衆生 而 取 佛土;
보살 수소 화 중생 이 취 불토; 수소 조복 중생 이 취 불토;

隨 諸 衆生 應 以 何國 入 佛智慧 而 取 佛土;
수 제 중생 응 이 하국 입 불지혜 이 취 불토;

隨 諸 衆生 應 以 何國 起 菩薩根 而 取 佛土.
수 제 중생 응 이 하국 기 보살근 이 취 불토.

所以者何? 菩薩 取 於 淨國, 皆 爲 饒益 諸 衆生 故. (3-117-7)
소이자하? 보살 취 어 정국, 개 위 요익 제 중생 고.

부처님[佛]께서 말씀하시기를[言]: 보적[寶積]이여! 중생[衆生]의[之] 류[類]가 보살[菩薩]의 불국토[佛土]이니라.

왜냐하면[所以者何] 보살[菩薩]은 중생[衆生]을 교화하는[化] 바에[所] 따라[隨]서[而] 불국토[佛土]를 취하며[取], 중생[衆生]을 조복하는[調伏] 바에[所] 따라[隨]서[而] 불국토[佛土]를 취하며[取], 모든[諸] 중생[衆生]이 어느[何] 나라[國]에 상응하는[應] 가에 따라[隨] 불지혜[佛智慧]에 들어가[入]서[而] 불국토[佛土]를 취하며[取], 모든[諸] 중생[衆生]이 어느[何] 나라[國]에 상응하는[應] 가에 따라[隨] 보살근[菩薩根]을 일으켜서[起] 불국토[佛土]를 취하기[取] 때문이니라.

왜냐하면[所以者何] 보살[菩薩]이 깨끗한[淨] 국토[國]를 취함은[取] 모두[皆] 모든[諸] 중생[衆生]을 이롭게[饒益] 하기 위함[爲]이기 때문이니라.

2. ~하지 말라. 왜냐하면 ~하기 때문이다

爾時, 螺髻梵王 語 舍利弗:「勿作 是念, 謂 此 佛土 以爲 不淨.
이시, 라계범왕 어 사리불 : 물작 시염, 위 차 불토 이위 부정.
所以者何? 我 見 釋迦牟尼佛土 淸淨, 譬如 自在天宮.」(4-130-8)
소이자하? 아 견 석가모니불토 청정, 비여 자재천궁.

이때[爾時] 나계범왕[螺髻梵王]이 사리불[舍利弗]에게 말씀하기를[語]: 이[此] 불국토[佛土]가 깨끗하지[淨] 못[不]하구나[以爲]하는[謂] 그런[是] 생각[念] 하지[作] 마십시오[勿]. 왜냐하면[所以者何] 내[我]가 보건대[見] 석가모니[釋迦牟尼] 부처님[佛]의 (불국토가) 청정[淸淨]하기가 마치[譬如] 자재천궁[自在天宮]과 같기 때문입니다.

※ ~같기 때문입니다:
'같기'는 譬如의 如의 뜻이고, '때문'은 所以者何의 所以의 뜻입니다.

제 5장

보살정토 菩薩淨土 공부

- 菩薩淨土보살정토 ㉠p64 정토.

1. 直心직심, 深心심심, 菩提心보리심

直心·是·菩薩·淨土, 菩薩·成佛·時, 不諂·衆生·來生·其國;
직심·시·보살·정토, 보살·성불·시, 불첨·중생·래생·기국;
深心·是·菩薩·淨土, 菩薩·成佛·時, 具足·功德·衆生·來生·其國;
심심·시·보살·정토, 보살·성불·시, 구족·공덕·중생·래생·기국;
菩提心·是·菩薩·淨土, 菩薩·成佛·時, 大乘·衆生·來生·其國; (3-118-3)
보리심·시·보살·정토, 보살·성불·시, 대승·중생·래생·기국;

직심[直心]이 보살정토[菩薩淨土]이니[是] 보살[菩薩]이 성불[成佛]할 때[時] 아첨하지[諂] 않은[不] 중생[衆生]이 와서[來] 그[其] 나라[國]에 태어나느니라[生].

심심[深心]이 보살정토[菩薩淨土]이니[是] 보살[菩薩]이 성불[成佛]할 때[時] 공덕[功德]을 구족한[具足] 중생[衆生]이 와서[來] 그[其] 나라[國]에 태어나느니라[生].

보리심[菩提心]이 보살정토[菩薩淨土]이니[是] 보살[菩薩]이 성불[成佛]할 때[時] 큰마음[大乘]의 중생[衆生]이 와서[來] 그[其] 나라[國]에 태어나느니라[生].

- **直心직심** ㉠ p123 직심.
  정직한 마음으로 거짓이 섞이지 않음을 뜻합니다.

- **深心심심**
  온갖 선행(善行) 쌓기를 좋아하는 굳은 마음을 뜻합니다.

2. 六波羅密육바라밀

布施 是 **菩薩** **淨土**, 菩薩 成佛 時, 一切 能捨 衆生 來生 其國;
보시 시 보살 정토, 보살 성불 시, 일체 능사 중생 래생 기국;
持戒 是 **菩薩** **淨土**, 菩薩 成佛 時, 行 十善道 滿願 衆生 來生 其國;
지계 시 보살 정토, 보살 성불 시, 행 십선도 만원 중생 래생 기국;
忍辱 是 **菩薩** **淨土**, 菩薩 成佛 時, 三十二相 莊嚴 衆生 來生 其國;
인욕 시 보살 정토, 보살 성불 시, 삼십이상 장엄 중생 래생 기국;
精進 是 **菩薩** **淨土**, 菩薩 成佛 時, 勤修 一切 功德 衆生 來生 其國;
정진 시 보살 정토, 보살 성불 시, 근수 일체 공덕 중생 래생 기국;
禪定 是 **菩薩** **淨土**, 菩薩 成佛 時, 攝心 不亂 衆生 來生 其國;
선정 시 보살 정토, 보살 성불 시, 섭심 불란 중생 래생 기국;
智慧 是 **菩薩** **淨土**, 菩薩 成佛 時, 正定 衆生 來生 其國; (3-118-6)
지혜 시 보살 정토, 보살 성불 시, 정정 중생 래생 기국;

보시[布施]가 보살정토[菩薩淨土]이니[是] 보살[菩薩]이 성불[成佛]할 때[時] 모든 것을[一切] 능히[能] 버리는[捨] 중생[衆生]이 와서[來] 그[其] 나라[國]에 태어나느니라[生].

지계[持戒]가 보살정토[菩薩淨土]이니[是] 보살[菩薩]이 성불[成佛]할 때[時] 십선도[十善道]를 실천한[行] 만원의[滿願] 중생[衆生]이 와서[來] 그[其] 나라[國]에 태어나느니라[生].

인욕[忍辱]이 보살정토[菩薩淨土]이니[是] 보살[菩薩]이 성불[成佛]할 때[時] 삼십이상[三十二相]으로 장엄한[莊嚴] 중생[衆生]이 와서[來] 그[其] 나라[國]에 태어나느니라[生].

정진[精進]이 보살정토[菩薩淨土]이니[是] 보살[菩薩]이 성불[成佛]할 때[時] 열심히[勤] 일체의[一切] 공덕[功德]을 닦은[修] 중생[衆生]이 와서[來] 그[其] 나라[國]에 태어나느니라[生].

선정[禪定]이 보살정토[菩薩淨土]이니[是] 보살[菩薩]이 성불[成佛]할 때[時] 마음[心]을 거두어[攝] 어지럽지[亂] 않은[不] 중생[衆生]이 와서[來] 그[其] 나라[國]에 태어나느니라[生].

지혜[智慧]가 보살정토[菩薩淨土]이니[是] 보살[菩薩]이 성불[成佛]할 때[時] 바른[正] 선정[定]에 (들어간) 중생[衆生]이 와서[來] 그[其] 나라[國]에 태어나느니라[生].

- **十善道**십선도　㉠ p123 십선도.
- **三十二相**삼십이상

부처님의 장엄한 육신을 뜻합니다.

3. 四無量心사무량심

四無量心, 是 **菩薩 淨土**, 菩薩 成佛 時, 成就 慈悲喜捨 衆生 來生 其 國 ; (3-118-12)

사무량심, 시, 보살, 정토, 보살, 성불, 시, 성취, 자비희사, 중생, 래생, 기국 ;

사무량심[四無量心]이 보살정토[菩薩淨土]이니[是] 보살[菩薩]이 성불[成佛]할 때[時] 자비희사[慈悲喜捨]를 성취[成就]한 중생[衆生]이 와서[來] 그[其] 나라[國]에 태어나느니라[生].

- **四無量心**사무량심
- **慈悲喜捨**자비희사　㉠ p125 사무량심.

4. 四攝法사섭법

四攝法․是․**菩薩**․**淨土**,　菩薩․成佛․時,　解脫․所攝․衆生․來生․其國；
(3-118-13)
　사섭법․시․보살․정토,　보살․성불․시,　해탈․소섭․중생․래생․기국；

사섭법[四攝法]이 보살정토[菩薩淨土]이니[是] 보살[菩薩]이 성불[成佛]할 때[時] 사섭법[攝]으로[所] 해탈한[解脫] 중생[衆生]이 와서[來] 그[其] 나라[國]에 태어나느니라[生].

● **四攝法**사섭법　㉠ p129 승조대사의 설명.

5. 方便방편

方便․是․**菩薩**․**淨土**,　菩薩․成佛․時,　於․一切法․方便․無礙․衆生․來生․其國；(3-118-14)
　방편․시․보살․정토,　보살․성불․시,　어․일체법․방편․무애․중생․래생․기국；

방편[方便]이 보살정토[菩薩淨土]이니[是] 보살[菩薩]이 성불[成佛]할 때[時] 모든[一切] 법[法]에 방편[方便]으로 걸림[礙]이 없는[無] 중생[衆生]이 와서[來] 그[其] 나라[國]에 태어나느니라[生].

● **方便**방편　㉠ p79 방편.

6. 三十七道品삼십칠도품

三十七品．是．菩薩．淨土， 菩薩．成佛．時， 念處．正勤．神足．根．力．覺．道．
衆生．來生．其國；(3-118-15)
삼십칠품．시．보살．정토， 보살．성불．시， 염처．정근．신족．근．력．각．도．중
생．래생．기국；

삼십칠품[三十七品]이 보살정토[菩薩淨土]이니[是] 보살[菩薩]이 성불[成佛]할 때[時]
사염처[念處] 사정근[正勤] 사신족[神足] 오근[根] 오력[力] 칠각지[覺] 팔정도[道]를 (닦은)
중생[衆生]이 와서[來] 그[其] 나라[國]에 태어나느니라[生].

• 三十七品삼십칠품

삼십칠조도품(三十七助道品)을 뜻합니다. 열반의 이상경(理想境)에 나아가기 위하여
닦는 도행(道行)의 종류입니다. 4념처(四念處), 4정근(四正勤), 4여의족(四如意足), 5근(五
根), 5력(五力), 7각분(七覺分), 8정도(八正道)의 서른일곱 종류의 수행법입니다.

7. 回向心회향심

迴向心．是．菩薩．淨土， 菩薩．成佛．時， 得．一切．具足．功德．國土；(3-119-2)
회향심．시．보살．정토， 보살．성불．시， 득．일체．구족．공덕．국토；

회향심[回向心]이 보살정토[菩薩淨土]이니[是] 보살[菩薩]이 성불[成佛]할 때[時] (그)
나라[國]가 모든[一切] 공덕[功德]으로 구족됨[具足]을 얻게 되느니라[得].

8. 說除八難설제팔난

說除 八難 是 菩薩 淨土, 菩薩 成佛 時, 國土 無有 三惡 八難 ; (3-119-3)
설제 팔난 시 보살 정토, 보살 성불 시, 국토 무유 삼악 팔난 ;

팔난[八難]을 없앰이[說除] 보살정토[菩薩淨土]이니[是] 보살[菩薩]이 성불[成佛]할 때[時] (그) 나라[國]에 삼악[三惡]과 팔난[八難]의 (고통이) 있지[有] 않으니라[無].

● 三惡삼악
삼악도(三惡道)의 준말로 지옥, 아귀, 축생을 뜻합니다.

● 八難팔난
직접 부처님의 가르침을 받기가 어려운 여덟 가지 상황을 뜻합니다.
　고통이 심해서 불법(佛法)을 듣지 못하는 세 가지 경우로 지옥, 아귀, 축생의 몸일 때입니다. 즐거움이 너무 많아서 불법을 듣지 못하는 두 가지 경우로 장수천(長壽天)과 울단월(鬱單越)에 있을 때입니다.
　그리고 귀먹거나 눈먼 경우와 부처님의 생시(生時)보다 먼저 살았거나 또는 뒤에 태어난 경우입니다.

9. 自守戒行자수계행 不譏彼闕불기피궐

自守 戒行 不譏 彼闕 是 菩薩 淨土, 菩薩 成佛 時, 國土 無有 犯禁 之 名; (3-119-4)
자수 계행 불기 피궐 시 보살 정토, 보살 성불 시, 국토 무유 범금 지 명;

스스로[自] 계행[戒行]을 지키면서[守] 남의[彼] 허물[闕]을 들추지[譏] 않는 것이[不] 보살정토[菩薩淨土]이니[是] 보살[菩薩]이 성불[成佛]할 때[時] (그) 나라[國土]에 (계를) 범하는[犯] (사람 또는 계를 범하지 못하게) 금지시키는[禁] 그러한[之] 명칭들[名]이 있지[有] 않으니라[無].

10. 十善道십선도

十善 是 菩薩 淨土, 菩薩 成佛 時, 命 不 中夭, 大富 梵行, 所言 誠諦, 常 以 軟語, 眷屬 不離 善和 諍訟, 言 必 饒益. 不嫉 不恚 正見 衆生 來生 其國. (3-119-5)
십선 시 보살 정토, 보살 성불 시, 명 불 중요, 대부 범행, 소언 성제, 상 이 연어, 권속 불리 선화 쟁송, 언 필 요익, 부질 불에 정견 중생 래생 기국.

십선[十善]이 보살정토[菩薩淨土]이니[是] 보살[菩薩]이 성불[成佛]할 때[時] 수명[命]이 짧지[中夭] 않고[不] 부유하며[大富] 계행[梵行]이 (청정하고) 말하는[言] 바가[所] 진실하며[誠諦] 항상[常] 부드러운 말[軟語]로서[以] (사람을 대하고) 가족[眷屬]이 헤어지지[離] 않으며[不] 다툼[諍訟]을 화해시키고[善和] 반드시[必] 이롭게 하는[饒益] 말[言](만을 사용하며) 질투[嫉]하지 않고[不] 성[恚]내지 않는[不] 중생[衆生]이 와서[來] 그[其] 나라[國]에 태어나느니라[生]. ●십선十善 ㉠p123 십선도.

제 6장

불토청정 佛土淸淨 공부

1. 직심에서 불국토 청정까지

菩薩 隨 其 直心, 則 能 發行 ; 隨 其 發行, 則 得 深心 ;
보살 수 기 직심, 즉 능 발행 ; 수 기 발행, 즉 득 심심 ;

隨 其 深心, 則 意 調伏 ; 隨 意 調伏, 則 如 說行 ;
수 기 심심, 즉 의 조복 ; 수 의 조복, 즉 여 설행 ;

隨 如 說行, 則 能 迴向 ; 隨 其 迴向, 則 有 方便 ;
수 여 설행, 즉 능 회향 ; 수 기 회향, 즉 유 방편 ;

隨 其 方便 則 成就 衆生 ; 隨 成就 衆生, 則 佛土 淨 ;
수 기 방편, 즉 성취 중생 ; 수 성취 중생, 즉 불토 정 ;

隨 佛土 淨, 則 說法 淨 ; 隨 說法 淨, 則 智慧 淨 ;
수 불토 정, 즉 설법 정 ; 수 설법 정, 즉 지혜 정 ;

隨 智慧 淨, 則 其 心 淨 ; 隨 其 心淨, 則 一切 功德 淨. 是故, 寶積 !
수 지혜 정, 즉 기 심정 ; 수 기 심정, 즉 일체 공덕 정. 시고, 보적 !

若 菩薩 欲得v淨土, 當 淨 其 心, 隨 其 心 淨, 則 佛土 淨.」 (3-119-8)
약 보살 욕득 정토, 당 정 기 심, 수 기 심 정, 즉 불토 정.

보살[菩薩]은

그[其] 직심[直心]에 따라[隨] 곧[則] 능히[能] 발행하며[發行],

그[其] 발행[發行]에 따라[隨] 곧[則] 심심[深心]을 얻으며[得],

그[其] 심심[深心]에 따라[隨] 곧[則] 뜻[意]을 조복하며[調伏],

그[其] 뜻[意]의 조복[調伏]에 따라[隨] 곧[則] 설[說]과 행[行]이 같고[如],

그[其] 설[說]과 행[行]이 같음[如]에 따라[隨] 곧[則] 능히[能] 회향하며[回向],

그[其] 회향[回向]에 따라[隨] 곧[則] 방편[方便]이 있게 되며[有],

그[其] 방편[方便]에 따라[隨] 곧[則] 중생[衆生]을 성취시키며[成就],

중생[衆生]을 성취시킴[成就]에 따라[隨] 곧[則] 불국토[佛土]가 청정해지며[淨], 불국토[佛土]가 청정해짐[淨]에 따라[隨] 곧[則] 설법[說法]이 청정해지며[淨], 설법[說法]이 청정해짐[淨]에 따라[隨] 곧[則] 지혜[智慧]가 청정해지며[淨], 지혜[智慧]가 청정해짐[淨]에 따라[隨] 곧[則] 그[其] 마음[心]이 청정해지며[淨], 그[其] 마음[心]이 청정해짐[淨]에 따라[隨] 곧[則] 일체[一切]의 공덕[功德]이 청정해지느니라[淨].

그러므로[是故] 보적이여[寶積]! 만약[若] 보살[菩薩]이 청정한[淨] 국토[土]를 얻고자[得] 하면[欲] 마땅히[當] 그[其] 마음[心]을 청정하게[淨] 할지니 그[其] 마음[心]이 청정함[淨]에 따라[隨] 곧[則] 불국토[佛土]가 청정하느니라[淨].

- **發行**발행

발심(發心)을 뜻합니다.

- **意調伏**의조복

조복은 몸, 입, 뜻의 3업을 조화(調和)하여 모든 악행을 굴복하는 것으로 의조복은 그 중에 뜻의 조복을 뜻합니다.

2. 지혜에서 불국토가 청정

舍利弗 言:「我 見 此土 邱陵 坑坎 荊棘 沙礫 土石 諸山 穢惡 充滿.」
사리불 언: 아 견 차토 구릉 갱감 형극 사력 토석 제산 예악 충만.

螺髻梵王 言:「仁者 心 有 高下, 不依 佛慧, 故 見 此土 爲 不淨 耳.
라계범왕 언: 인자 심 유 고하, 불의 불혜, 고 견 차토 위 부정 이.

舍利弗! 菩薩 於 一切 衆生 悉皆 平等, 深心 淸淨, 依佛 智慧, 則 能 見 此 佛土 淸淨.」 (4-130-10)
사리불! 보살 어 일체 중생 실개 평등, 심심 청정, 의불 지혜, 즉 능 견 차 불토 청정.

사리불[舍利弗]이 말씀하기를[言]: 내[我]가 이[此] 국토[土]를 보건대[見] 험하고 높은 등성이[邱陵], 깊은 구덩이[坑坎], 가시덤불[荊棘], 모래사장[沙], 자갈밭[礫], 토석[土石]의 많은 산[諸山] (등) 더러운 것들[穢惡]로 충만합니다[充滿].

나계범왕[螺髻梵王]이 말씀하기를[言]: 그대[仁者]의 마음[心]에 높고[高] 낮다[下]는 (차별하는 마음이) 있어[有] 부처님[佛]의 지혜[慧]에 의지하지[依] 않기[不] 때문에[故] 이 [此] 국토[土]가 깨끗하지[淨] 않는[不] 모습으로[爲] 보일[見] 뿐입니다[耳].

사리불 (존자)여[舍利弗]! 보살[菩薩]은 모든[一切] 중생[衆生]에게[於] 모두[皆] 평등[平等]하게 대하기에[悉] 심심으로[深心] 청정하여[淸淨] 부처님[佛]의 지혜[智慧]에 의지[依]하기에[則] 능히[能] 이[此] 불국토[佛土]가 청정함[淸淨]을 볼 수 있습니다[見].

복습수행과정

유마경 불국품을 스스로 해석하기!

1. 모인대중
2. 보적의 게송
3. 보살정토
4. 청정한 마음

제 1장

모인 대중

1. 나와 경전의 상응

如②是①我③聞④。

2. 수행 대중

一①時②, 佛①在④毗耶離②菴羅樹園③, 與④大比丘①

衆②八千人③俱⑤。

3. 보살수행자의 공덕과 지혜

菩薩①三萬二千②, 衆①所③知識②, 大智①本行②皆悉③成就④。諸佛①威神②之③所⑤建立④, 爲②護法城①受持④正法③, 能①師子吼②名③聞⑤十方④, 衆人①不③請②友④

而⑤安⑦之⑥, 紹隆②三寶①能③使⑤不絶④, 降伏②魔怨①

制⑤諸③外道④, 悉①已②清淨③永④離⑥蓋纏⑤, 心①常②安⑤

住⑥無閡③解脱④, 念①定②總持③辯才④不⑥斷⑤。布施①,

持戒②, 忍辱③、精進④、禪定⑤、智慧⑥及⑦方便力⑧無⑪

不⑩具足⑨. 逮②無所得①, 不③起②法忍①, 已①能②隨順③

轉⑥不退④輪⑤, 善解②法相①知④衆生根③, 蓋③諸①大衆②

得⑤無所畏④, 功德①智慧②以⑥修⑤其③心④, 相好①嚴身②

色像③第一④, 捨⑤諸①世間②所有③飾好④, 名①稱⑥高②

遠③踰於⑤須彌④, 深①信②堅固③猶④若⑥金剛⑤, 法寶①

普②照③而④雨⑥甘露⑤, 於③衆①言音②微妙④第一⑤, 深①

入③緣起②斷⑥諸④邪見⑤, 有①無②二邊③無⑥復④餘習⑤,

演②法①無④畏③猶⑥師子吼⑤, 其①所③講說②乃④如⑥雷震⑤.

無②有量①，已過③量①，集衆②法寶①如④海導師③，

了達⑥諸①法②深妙③之④義⑤，善⑪知⑫衆生①往②來③所⑤趣④及⑥心⑦所⑨行⑧，近⑦無等等①佛②自在慧③、十力④無畏⑤，十八不共⑥，關閉④一切①諸②惡趣門③，而①生⑦

五道⑥以⑤現④其②身③。爲②大醫王①善⑤療⑥衆③病④,

應②病①與④藥③令⑧得⑦服⑤行⑥. 無量①功德②皆③成就④,

無量①佛土②皆③嚴淨④, 其①見②聞③者④無⑧不⑦蒙⑥益⑤,

諸①有所②作③亦④不⑥唐捐⑤, 如②是①一切③功德④皆悉⑤具足⑥。

4. 큰마음으로 법신과 계합된 많은 선지식

其①名②曰③：等觀①菩薩②, 不等觀①菩薩②, 等①不等②

觀③菩薩④, 定①自在王②菩薩③, 法①自在王②菩薩③,

法相①菩薩②, 光相①菩薩②, 光嚴①菩薩②, 大嚴①菩薩②,

寶積①菩薩②, 辯積①菩薩②, 寶手①菩薩②, 寶印手①菩薩②,

常①擧手②菩薩③, 常①下手②菩薩③, 常慘①菩薩②, 喜根①

菩薩②, 喜王①菩薩②, 辯音①菩薩②, 虛空藏①菩薩②,

執寶炬①菩薩②, 寶勇①菩薩②, 寶見①菩薩②, 帝網①菩薩②,

明網①菩薩②, 無緣觀①菩薩②, 慧積①菩薩②, 寶勝①菩薩②,

天王①菩薩②, 壞魔①菩薩②, 電得①菩薩②, 自在王①菩薩②,

功德①相嚴②菩薩③, 師子吼①菩薩②, 雷音①菩薩②, 山相①

擊音②菩薩③, 香象①菩薩②, 白香象①菩薩②, 常①精進②

菩薩③, 不①休息②菩薩③, 妙生①菩薩②, 華嚴①菩薩②,

觀世音①菩薩②, 得大勢①菩薩②, 梵網①菩薩②, 寶杖①

菩薩②, 無勝①菩薩②, 嚴土①菩薩②, 金①髻菩薩②, 珠髻①

菩薩②, 彌勒①菩薩②, 文殊師利①法王子②菩薩③, 如②是①
等④三萬二千人③。

5. 가르침을 받고자 운집한 대중

復①有⑥萬②梵天王③尸棄④等⑤, 從③餘①四天下②來④詣⑥

佛所⑤而⑦聽⑨法⑧。復①有④萬二千②天帝③, 亦①從④餘②

四天下③來⑤在⑦會坐⑥, 幷①餘②大威力③諸④天⑤龍神⑥,

夜叉①乾闥婆②, 阿修羅①迦樓羅②, 緊那羅①摩睺羅伽②

等③悉④來⑤會坐⑥。

諸①比丘②比丘尼③, 優婆塞①優婆夷②, 俱①來②會坐③。

6. 부처님의 거룩한 모습

彼①時②，佛①與⑥無量②百千③之④衆⑤，恭敬②圍遶①而③

爲③說⑤法④。譬如①須彌山王②顯⑤於④大海③，安⑤處⑥

衆寶①師子②之③座④，蔽⑥於⑤一切①諸②來③大衆④。

제 2장

보적의 게송

1. 보개 공양

爾①時②, 毗耶離城①有④長者②子③, 名①曰②寶積③, 與④

五百①長者②子③俱⑤, 持④七①寶②蓋③來⑤詣⑦佛所⑥, 頭①

面②禮④足③, 各①以④其②蓋③共⑤供養⑦佛⑥。

佛①之②威神③, 令③諸①寶蓋②合成⑥一④蓋⑤,

徧②覆③三千大千世界①, 而①此②世界③廣④長⑤之⑥相⑦,

悉③於②中①現④. 又①此②三千大千世界③, 諸①須彌山②,

雪山③、目眞鄰陀山④、摩訶目眞鄰陀山⑤、香山⑥、

寶山⑦、金山⑧、黑山⑨、鐵圍山⑩、大鐵圍山⑪,

大海⑫江河⑬,川流①泉源②,及①日月②星辰③,天宮①

龍宮②,諸①尊②神宮③,悉④現⑤於③寶蓋①中②。

又①十方②諸佛③,諸佛①說法②,亦①現②於③寶蓋④中⑤。

爾①時②, 一切①大衆②覩⑤佛③神力④, 歎②未曾有①,

合掌①禮③佛②, 瞻仰②尊顔①, 目①不④暫②捨③。

2. 부처님의 공덕과 지혜

長者①子②寶積③, 卽①於④佛②前③以⑥偈頌⑤曰⑦：

「目①淨②修③廣④如⑦青⑤蓮⑥, 心①淨②已③度⑥諸④禪定⑤,

久①積②淨③業④稱⑤無量⑥, 導④衆③以②寂①故⑤稽⑦首⑥。

旣①見⑩大聖②以④神變③, 普⑧現⑨十方⑤無量⑥土⑦,

其①中②諸③佛④演⑥說法⑤, 於是①一切②悉③見④聞⑤。

法王①法力②超④羣生③, 常①以③法財②施⑤一切④,

能①善④分別⑤諸②法相③, 於②第一義①而③不動④,

已①於④諸②法③得⑥自在⑤, 是故①稽⑤首④此②法王③。

說法①不③有②亦④不⑥無⑤, 以②因緣①故③諸④法⑤生⑥。

無②我①無④造③無⑦受⑤者⑥, 善①惡②之③業④亦⑤不⑦亡⑥,

始①在④佛②樹③力⑤降⑦魔⑥, 得③甘露①滅②覺道④成⑤。

已①無③心意②無⑤受行④, 而①悉④摧伏⑤諸②外道③,

三③轉⑤法輪④於②大千①, 其①輪②本來③常④清淨⑤。

天①人②得④道③此⑤爲⑦證⑥, 三寶①於是②現④世間③,

以③斯①妙法②濟⑤羣生④, 一①受②不④退③常⑤寂然⑥。

度④老①病②死③大醫王⑤, 當①禮⑤法海②德③無邊④,

毀①譽②不④動③如⑥須彌⑤, 於③善①不善②等⑥以⑤慈④。

心①行②平等③如⑤虛空④, 孰①聞④人②寶③不⑦敬⑤承⑥,

今①奉③世尊②此④微⑤蓋⑥, 於②中①現⑤我③三千界④。

諸①天②龍神③所⑤居④宮⑥, 乾闥婆①等②及③夜叉④,

悉④見⑤世間①諸②所有③, 十力①哀②現⑤是③化變④。

衆①觀③希有②皆④歡⑥佛⑤, 今①我②稽⑥首⑤三界③尊④。

大聖①法王②衆③所⑤歸④, 淨①心②觀④佛③靡⑤不⑦欣⑥。

各①見⑥世尊②在⑤其③前④，斯則①神力②不共法③，

佛①以④一②音③演⑥說法⑤，眾生①隨③類②各④得⑥解⑤。

皆①謂⑥世尊②同③其④語⑤，斯則①神力②不共法③，

佛①以④一②音③演⑥說法⑤，眾生①各各②隨④所③解⑤。

普①得③受行②獲⑥其④利⑤, 斯則①神力②不共法③,

佛①以④一②音③演⑥說法⑤, 或①有③恐畏②或④歡喜⑤。

或①生③厭離②或④斷⑥疑⑤, 斯則①神力②不共法③,

稽④首③十力①大精進②, 稽⑤首④已①得③無所畏②。

稽⑤首④住③於②不共法①，稽⑤首④一切①大②導師③，

稽⑥首⑤能①斷④衆②結縛③，稽⑥首⑤已①到④於③彼岸②。

稽⑥首⑤能①度④諸②世間③，稽⑥首⑤永①離④生死②道③，

悉⑤知⑥衆生①來②去③相④，善③於②諸法①得⑤解脫④。

不③著②世間①如⑤蓮華④, 常①善②入⑥於⑤空寂③行④,

達③諸①法相②無⑤罣礙④, 稽⑦首⑥如②空①無⑤所④依③.」

제2장 보적의 게송

제 3장

보살정토

1. 정토의 가르침 구함

爾時①, 長者②子③寶積④說⑦此⑤偈⑥已⑧, 白②佛①言③：

「世尊①！是②五百③長者子④,

皆①已②發④阿耨多羅三藐三菩提心③,

願⑤聞④得③佛國土①清淨②,唯⑱願②世尊③說⑥諸菩薩④淨土之行⑤。」

佛①言②:「善哉③,寶積④!乃①能②爲⑤諸③菩薩④問⑨於⑧如來⑥淨土之行⑦。諦①聽②諦③聽④!善①思念③之②,當④爲⑥汝⑤說⑦。」

於是①，寶積②及③五百④長者⑤子⑥受⑧教⑦而⑨聽⑩。

2. 중생이 보살정토

佛①言②:「寶積③!衆生①之②類③是⑥菩薩④佛土⑤。

所以者何①?菩薩②隨⑥所⑤化④衆生③而⑦取⑨佛土⑧;

隨所③調伏②衆生①而④取⑥佛土⑤;隨⑥諸①衆生②應以⑤

何③國④入⑨佛⑦智慧⑧而⑩取⑫佛土⑪；隨⑤諸①衆生②

應以④何國③起⑦菩薩根⑥而⑧取⑩佛土⑨。所以者何①？

菩薩②取於④淨國③，皆①爲⑤饒益④諸②衆生③故⑥。

譬如①有②人③欲⑨於⑥空④地⑤造立⑧宮室⑦，隨②意①無④

礙③, 若①於③虛空②, 終④不⑥能⑤成④。菩薩①如③是②

爲⑥成就⑤衆生④故⑦, 願③取②佛國①, 願③取②佛國①者④, 非③於②空①也④。

3. 중생과 정토의 상응

寶積①！當②知③，直心①是④菩薩②淨土③，菩薩①成佛②

時③，不⑤諂④衆生⑥來⑦生⑩其⑧國⑨；深心①是④菩薩②

淨土③，菩薩①成佛②時③，具足⑤功德④衆生⑥來⑨生⑩其⑦

國⑧；菩提心①是④菩薩②淨土③, 菩薩①成佛②時③,

大乘④眾生⑤來⑧生⑨其⑥國⑦；布施①是④菩薩②淨土③,

菩薩①成佛②時③, 一切④能⑤捨⑥眾生⑦來⑩生⑪其⑧國⑨；

持戒①是④菩薩②淨土③, 菩薩①成佛②時③, 行⑤十善道④

滿願⑥眾生⑦來⑩生⑪其⑧國⑨；忍辱①是④菩薩②淨土③,

菩薩①成佛②時③, 三十二相④莊嚴⑤眾生⑥來⑨生⑩其⑦國⑧；

精進①是④菩薩②淨土③, 菩薩①成佛②時③, 勤⑥修⑦一切④

功德⑤眾生⑧來⑪生⑫其⑨國⑩；禪定①是④菩薩②淨土③,

菩薩①成佛②時③, 攝⑤心④不⑦亂⑥眾生⑧來⑪生⑫其⑨國⑩;

智慧①是④菩薩②淨土③, 菩薩①成佛②時③, 正④定⑤眾生⑥

來⑨生⑩其⑦國⑧;四無量心①是④菩薩②淨土③,

菩薩①成佛②時③, 成就⑤慈悲喜捨④眾生⑥來⑨生⑩其⑦國⑧;

四攝法①是④菩薩②淨土③，菩薩①成佛②時③，解脫④所⑥攝⑤眾生⑦來⑩生⑪其⑧國⑨；方便①是④菩薩②淨土③，菩薩①成佛②時③，於⑤一切法④方便⑥無礙⑦眾生⑧來⑪生⑫其⑨國⑩；三十七品①是④菩薩②淨土③，菩薩①成佛②時③，

念處①正勤②神足③根④力⑤覺⑥道⑦眾生⑧來⑪生⑫其⑨國⑩;

迴向心①是④菩薩②淨土③,菩薩①成佛②時③,得⑧一切④

具足⑥功德⑤國土⑦;說除②八難①是⑤菩薩③淨土④,菩薩①

成佛②時③,國土④無⑧有⑦三惡⑤八難⑥;自①守③戒行②

不⑦譏⑥彼④闕⑤是⑨菩薩淨土⑧，菩薩①成佛②時③，

國土④無⑩有⑨犯⑤禁⑥之⑦名⑧；十善①是④菩薩②淨土③，

菩薩①成佛②時③，命①不③中夭②，大①富②梵行③，

所②言①誠諦③，常①以③軟語②，眷屬①不③離②善和⑤諍訟④，

言①必②饒益③，不②嫉①不④恚③正⑤見⑥衆生⑦來⑩生⑪其⑧國⑨。

4. 유심정토의 성취

如②是①, 寶積③！菩薩①隨④其②直心③, 則⑤能⑥發行⑦；

隨③其①發行②, 則④得⑥深心⑤；隨③其①深心②, 則④意⑤

調伏⑥；隨③意①調伏②, 則④如⑥說⑤行⑦；隨④如②說①行③,

則⑤能⑥迴向⑦ ; 隨③其①迴向②, 則④有⑥方便⑤ ; 隨③其①

方便②, 則④成就⑥衆生⑤ ; 隨③成就②衆生①, 則④佛土⑤

淨⑥ ; 隨③佛土①淨②, 則④說法⑤淨⑥ ; 隨③說法①淨②,

則④智慧⑤淨⑥ ; 隨③智慧①淨②, 則④其⑤心⑥淨⑦ ; 隨④其①

心②淨③，則⑤一切⑥功德⑦淨⑧。是故①，

寶積②！若①菩薩②欲⑤得④淨土③，當①淨④其②心③，

隨④其①心②淨③，則①佛土②淨③。」

제 4장

청정한 마음

1. 마음과 정토의 상응

爾時①，舍利弗②承⑤佛③威神④作⑧是⑥念⑦：

「若①菩薩②心③淨④則⑤佛土⑥淨⑦者⑧，我①世尊②本③爲⑤菩薩④時⑤，意①豈②不④淨③而是⑤佛土⑥不⑩淨⑨若⑧此⑦？」

佛①知④其②念③, 卽⑤告⑦之⑥言⑧:「於意云何①, 日月②

豈③不⑤淨④耶⑥？而⑦盲者⑧不⑩見⑨。」

對①曰②:「不③也④.世尊⑤!是③盲者①過②,非⑥日月④咎⑤.」

「舍利弗①！衆生②罪③故④, 不⑨見⑧如來⑤佛國⑥嚴淨⑦,

非⑫如來⑩咎⑪. 舍利弗①！我②此土③淨④而⑤汝⑥不⑧見⑦.」

爾時①, 螺髻梵王②語④舍利弗③:「勿⑨作⑧是⑥念⑦, 謂⑤

此①佛土②以爲④不淨③。所以者何①？我②見③

釋迦牟尼佛土④清淨⑤，譬如⑥自在天宮⑦。」

舍利弗①言② :「我①見②此土③邱陵④坑坎⑤荊棘⑥沙礫⑦

土石⑧諸山⑨穢惡⑩充滿⑪。」

螺髻梵王①言② :「仁者①心②有⑤高③下④,不⑨依⑧佛⑥

慧⑦,故①見⑤此土②爲④不淨③耳⑥. 舍利弗①!菩薩②於⑤

一切③眾生④悉皆⑥平等⑦，深心①清淨②，依⑤佛③智慧④，

則①能②見⑥此③佛土④清淨⑤。」

2. 정토의 본래모습

於是①, 佛②以④足指③按⑥地⑤, 卽時①三千大千世界②,

若干①百千②珍寶③嚴飾④, 譬如①寶莊嚴佛②無量③功德④

寶⑤莊嚴⑦土⑥, 一切①大衆②歎④未曾有③, 而①皆②自③

見⑥坐⑤寶蓮華④。

佛①語③舍利弗②：「汝①且②觀⑤是⑥佛土③嚴淨④？」

舍利弗①言②：「唯①然②，世尊③！本①所④不③見②，本⑤所⑧不⑦聞⑥，今①佛國土②嚴淨③悉現④。」

佛①告③舍利弗②：「我①佛國土②常③淨⑤若此④, 爲⑤欲④

度③斯①下劣人②故⑥, 示⑥是①衆惡②不⑤淨④土③耳⑦。

譬如①諸天②共③寶器④食⑤, 隨③其①福德②, 飯④色⑤有⑦

異⑥. 如②是①, 舍利弗③！若①人②心③淨④, 便⑤見⑨此土⑥ 功德⑦莊嚴⑧。」

3. 수행성취

當⑦佛①現④此國土②嚴淨③之⑤時⑥, 寶積①所將②五百③

長者子④皆⑤得⑦無生法忍⑥, 八萬四千人①,

皆②發③阿耨多羅三藐三菩提心④。佛①攝③神足②,

於是④世界⑤還復⑦如⑥故⑧, 求②聲聞乘①三萬二千③諸④

天⑤及⑥人⑦, 知④有爲法①皆悉②無常③, 遠②塵①離④垢③,

得③法眼①淨②. 八千①比丘②不⑤受④諸法③, 漏盡⑥意⑦解⑧.

찾아보기

(一)
一時일시 38
一切일체 44

(三)
三十七道品삼십칠도품 118
三十二相삼십이상 116
三千大千世界삼천대천세계 55
三寶삼보 54
三惡삼악 119
三界삼계 33
三轉法輪삼전법륜 76

(下)
下劣人하열인 107

(不)
不共法불공법 30
不譏彼闕불기피궐 120
不退불퇴 81
不불 60

(世)
世尊세존 38
世間세간 32

(二)
二邊이변 90

(以)
以이 84

(佛)
佛土불토 22
佛불 38

(優)
優婆塞우바새 88

優婆夷우바이 88

(八)
八難팔난 119

(具)
具足구족 19

(功)
功德공덕 18

(十)
十力십력 29
十善道십선도 116, 120
十方시방 45

(及)
及급 28, 99

(告)
告고 97

(善)
善哉선재 36
善惡선악 62

(四)
四攝法사섭법 117
四無量心사무량심 116

(回)
回向心회향심 118

(因)
因緣인연 85

(在)
在재 74

(外)
外道외도 87

(大)
大千대천 76
大導師대도사 31
大比丘대비구 39
大聖대성 72
大醫王대의왕 69

(天)
天帝천제 50

(如)
如來여래 38
如是我聞여시아문 14
如是여시 14
如空여공 33
如여 95

(妙)
妙法묘법 47

(威)
威神力위신력 40

(定)
定정 60

(寂)
寂滅적멸 29

(寶)
寶積보적 35
寶蓋보개 51

(尸)
尸棄시기 50

(已)
已이　79

(希)
希有희유　41

(常)
常상　81

(平)
平等평등　95

(彼)
彼岸피안　31

(得)
得道득도　69
得득　82

(復)
復有부유　50

(心)
心行심행　95

(恭)
恭敬공경　68

(惡)
惡趣門악취문　44

(意)
意調伏의조복　123

(慈)
慈悲喜捨자비희사　116

(成)
成就성취　20

(或)
或혹　100

(所)
所소　71

(摠)
摠持총지　60

(敎)
敎化교화　23

(文)
文殊師利法王子菩薩문수사리법왕자보살　19

(方)
方便방편　117

(於)
於어　75

(是)
是시　64

(智)
智慧지혜　27

(曰)
曰왈　97

(會)
會坐회좌　49

(有)
有無유무　90
有量유량　79
有유　90

(根)
根器근기　46

(梵)
梵天범천　50

(業)
業업　62

(歡)
歡喜환희　100

(正)
正法정법　68

(比)
比丘尼비구니　88
比丘비구　88

(毗)
毗耶離城비야리성　39

(法)
法力법력　47
法寶법보　54
法王법왕　47
法相법상　46
法眼법안　82
法財법재　44
法輪법륜　53

(海)
海導師해도사　54

(淨)
淨國정국　77

(深)
深心심심　114
深心심심,　114

(淸)
淸淨청정　53

(演)
演說法연설법　41

(無)
無常무상　96
無所依무소의　34

찾아보기 185

(無)
無所畏무소외　　30
無生法忍무생법인　37
無罣礙무가애　　89
無무　　　90

(爲)
爲위　　68

(猶)
猶유:　　45

(獅)
獅子吼사자후　　45

(發)
發行발행　　123

(皆)
皆개　　66

(直)
直心직심,　114

(相)
相상　　101

(知)
知지　　96

(神)
神足신족　　43

(稽)
稽首계수　　29

(結)
結縛결박　　31

(群)
群生군생　　46

(而)
而이　　92

(能)
能능　　58

(自)
自在자재　　25
自守戒行자수계행　120

(與)
與여　　73

(舍)
舍利弗사리불　　20

(若)
若약　　93

(菩)
菩提心보리심　　114
菩薩보살　　56

(菴)
菴羅樹園암라수원　39

(蓋)
蓋纏개전　　53

(衆)
衆生之類중생지류　22
衆生중생　20, 46

(解)
解脫해탈　　47

(言)
言언　　97

(語)
語어　　97

(說)
說除八難설제팔난　119

(諸)

諸제　　87

(講)
講說강설　　71

(護)
護法城호법성　　68

(辯)
辯才변재　　60

(長)
長者장자　　35

(關)
關閉관폐　　44

(須)
須彌수미　　52

(魔)
魔怨마원　　87

(ㅂ)
불토청정佛土淸淨　121

(ㅅ)
사견邪見　　87

(ㅇ)
연기緣起　　87
오도五道　　84

(不)
不動부동　　75

(念)
念염　　60

(六)
六波羅密육바라밀　115
六道육도　　32

186　維摩經사전